古汉语语法探究

纪国峰　著

H.P.H 哈尔滨出版社
HARBIN PUBLISHING HOUSE

图书在版编目（CIP）数据

古汉语语法探究 / 纪国峰著 . —哈尔滨 : 哈尔滨出版社 , 2020.12
ISBN 978-7-5484-5510-3

Ⅰ . ①古… Ⅱ . ①纪… Ⅲ . ①古汉语—语法—研究
Ⅳ . ① H141

中国版本图书馆 CIP 数据核字 (2020) 第 162138 号

书　　名：古汉语语法探究
GUHANYU YUFA TANJIU

作　　者：纪国峰　著
责任编辑：张　杰
责任审校：李　战
封面设计：黄伟娟

出版发行：哈尔滨出版社 (Harbin Publishing House)
社　　址：哈尔滨市松北区世坤路 738 号 9 号楼　　邮编：150028
经　　销：全国新华书店
印　　刷：三河市嵩川印刷有限公司
网　　址：www.hrbcbs.com www.mifengniao.com
E-mail：hrbcbs@yeah.net
编辑版权热线：（0451）87900271　　87900272
销售热线：（0451）87900202　　87900203

开　　本：787mm x 1092mm　1/16　　印张：13.25　　字数：193 千字
版　　次：2020 年 12 月第 1 版
印　　次：2022 年 8 月第 2 次印刷
书　　号：ISBN 978-7-5484-5510-3
定　　价：58.00 元

前　言

中国是一个具有几千年历史的文明古国，历代杰出的政治家、思想家、科学家、文学家、艺术家使用古代汉语写下了浩如烟海的文献典籍，要继承这一笔珍贵的文化遗产，发扬中华民族的优良传统，繁荣和发展现代科学文化事业，就必须掌握古汉语。现代汉语是从古汉语发展演变而来的，要研究现代汉语的渊源、阐明现代汉语中的许多语言现象，推进汉语规范化和汉字改革工作，也需要掌握古代汉语。对于专以中国哲学史、中国古代史、中国文化史、中国思想史、中国经济史、中国古代文学史、中国科技史等为学习和研究对象的人来说，掌握古汉语的重要性更是不言而喻的。

语法学是研究语言中词句的构选及变化规则的科学。不同的语言有不同的语法规则，不同历史时期的同一种语言也可能有不同的语法规则，随着社会文学的进步、人们的重视和学科的发展，古汉语语法学已经取得了很多成果，对许多语法现象都有了较好的描述和解释。

鉴于此，笔者撰写了《古汉语语法探究》一书，且以古汉语的词、词素以及古汉语语法兼代现象为引入，重点探讨三篇内容：第一篇为古汉语词类语法研究，内容涉及古汉语实词及其语法研究和古汉语虚词及其语法研究；第二篇对古汉语词组类语法的两个方面——古汉语实词与实词组合语法、古汉语实词与虚词组合语法进行了全面的分析与讲解；第三篇梳理了古汉语句子类语法的核心内容，包括古汉语语序类语法运用、古汉语省略句类语法运用。

本书有如下显著特点：

第一，结构清晰，内容优化。本书共分三篇，以古汉语主要元素为经，以各个元素的实例探究为纬，不仅体例结构清楚，而且对应实例典型。

第二，通俗易懂，全面翔实。本书内容通俗易懂，语言深入浅出，使读者对基础知识点的掌握更加轻松，更易提升自主学习的能力。

笔者在撰写本书的过程中，得到了许多专家学者的帮助和指导，在此表示诚挚的谢意。由于笔者水平有限，加之时间仓促，书中所涉及的内容难免有疏漏之处，希望各位读者多提宝贵意见，以便笔者进一步修改，使之更加完善。

作者

2020 年 5 月

目录
CONTENTS

第一篇　古汉语词类语法研究

第一章　古汉语及其语法现象

古代汉语语法同现代汉语一样，包括词法和句法，是词的变化规则和用词造句规则的综合。本章探究古汉语的词素、古汉语的词以及古汉语语法兼代现象。

第一节　古汉语的词素

词素是构成词的元素，是最小的语音、语义结合体，是最小的语言单位。一个句子如果一层一层地剖析，分到不能再分的最小的语言单位，就是词素。根据音节的多少，词素可分为以下三种：

一、单音节词素

单音节词素是由一个音节表示的，这是汉语词素的基本形式，数量最多。单音节词素中有的能够独立成词，即一个词素就是一个词。如“门”“苦”“寡”“大”“小”等。这类词素称为词根。它们还能同其他词素组合成词，如“门生”“城门”“苦痛”“苦雨”“寡人”“大夫”“大人”“小子”等。有的不能独立成词，同别的词素组合时，位置较固定。这类词素称作词缀。词缀在前的如“有夏”“有商”中的“有”，“阿翁”“阿爷”中的“阿”，“第一”“第二”中的“第”等，称作前缀。词缀在后的如“嗥尔”“率尔”中的“尔”，“沃若”“沛若”中的“若”，“欣然”“油然”中的“然”，“燕子“芥子”

中的“子”等，称作后缀。①

二、双音节词素

双音节词素是由两个音节表示的。主要是指双声叠韵的联绵字，如“辗转”“委蛇”“澎湃”“窈窕”“踌躇”“憔悴”等。也有一些是音译的外来词，如“葡萄”“茉莉”等。还有拟声词“关关”“交交”“萧萧”“将将”“喈喈”，重叠词“区区”“鳞鳞”等。

三、多音节词素

多音节词素主要是指音译的外来词。如“阿赖耶”（梵语“藏”义）、“阿忒迷失”（古蒙古语“六十”义）等。

词是由词素构成的、可以独立运用的最小的语言单位。前面讲过词素是最小的语言单位，但它是构词单位，词素不能独立运用，也就是说，不能充当句子成分。只有由词素构成词，才能独立运用。可以独立运用的语言单位，除词外还有词组，但词组还不是独立运用的最小的语言单位，它还可以再分析，如“高山”“峻岭”“非但”“父母”等。

一些合成词如“布衣”“骨肉”“黎民”“扶老”“爪牙”等好像可以分开，分开之后的各部分如“布”“衣”“骨”“肉”等，也还有意义，也可以同其他词素结合起来组成词、词组。其实，合成词也是不能再分析的了。因为合成词不是由几个词素简单地拼合在一起，而是凝固在一起，并且有了新的、特定的含义。如“布衣”这个词不是布帛和衣服两个意义的拼合，而是具有了“平民”的特定含义。合成词的构成成分之间一般也不能插入别的成分，它只能作为一个完整的单位与其他词发生关系。所以说，词是可以独立运用的最小的语言单位。

汉字是记录汉语的符号。词素、词在书面上就用汉字表示。词素、词、汉字不是一一对应的。有的一个词素是一个词，写成一个汉字，如“爱”“吾”“国”等；有的一个词素是一个词，却由两个以上的汉字表示，如“觊觎”“琵琶”等；有的两个词素是一个词，写作两个汉字，如“布衣”“寡人”“有司”等，

① 蒋绍愚，李新建 . 古汉语入门 [M]. 北京：当代中国出版社，2018.

这时一个汉字只表示一个音节单位。

第二节　古汉语的词

一、古汉语词的结构

根据词的结构，词可以分为以下两大类：

（一）单纯词

单纯词由一个词素构成，只含一个语义单位，比较单纯。构成单纯词的有单音节词素，如“天”“人”“吾”“爱”“啼”等；有联绵词，如“恍惚”“蹉跎”“徘徊”等；有拟声词，如“丁丁”“坎坎”等；有音译的外来词，如“葡萄”“阿拉”等。[①]

（二）合成词

合成词是由两个以上词素构成的。这些词素都是按照一定的组词规则组合的，词素之间都有一定的关系。根据合成词的结构方式，还可以分为以下两类：

第一，缀合法，是由词根和词缀构成的词。如“阿爷”“有商”“眸子”“油然”“率尔”等。

第二，复合法，是由词根和词根构成的词。其构成方式见表 1–1。

表 1-1　复合法构成方式

联合式	两个词素平等组合，不分主次。其中又可以分为：①意义相同或相近的词素结合在一起。如“商贾”“恐惧”“细小”“谁何”“交相”“自从”“假令”“而已”等；②意义相反、相对的词素结合在一起。如“左右”“早晚”“上下”等。偏义复词“缓急”“异同”“短长”等也归入此类；③意义相类的词素结合在一起。如“骨肉”“社稷”“兄弟”等

① 许仰民 . 古汉语语法新编 [M]. 开封：河南大学出版社，2001.

续表

偏正式	两个词素间有修饰关系。如“黎民”“寡人”“四海”“后生”“晚进”“不谷”等。其中的“黎”“寡”“四”是修饰名词性词素“民”“人”“海”的；“后”“晚”是修饰动词性词素“生”“进”的；“不”修饰形容词词素“谷”
动宾式	两个词素间有支配和被支配的关系。表示被支配的词素往往是名词性的，表示支配的词素往往是动词性的。如“司马”“扶老”“当道”“执事”“将军”“击马”。其中“司”“扶”“当”“执”“将”“击”是表示支配的，是动词性词素；“马”“老”“道”“事”“军”“马”是被支配的，是名词性词素
主谓式	两个词素间有陈述与被陈述关系。表示陈述对象的词素大多是名词性的，表示陈述的词素大多是动词性的。如“地震”“身重”“虎贲”等。其中“地”“身”“虎”是名词性词素；“震”“重”“贲”是动词性词素

二、古汉语词的语音形式

根据词的语音形式，词可以分为以下两大类：

（一）单音词

单音词是由一个音节构成的词。如“朕”“君”“仁”“信”“弃”“走”等。

（二）复音词

复音词是由两个以上音节构成的词。如“君子”“侃侃”“侏儒”“荡荡乎”等。

古汉语中单音词占优势，现代汉语中复音词占优势。这是古今汉语在词汇方面的主要区别。在阅读古书时，不要把两个意义有关、经常在一起连用的单音词误认为是现代汉语中的复音词。

在判断词和非词的问题上，关键是要区分复音词与双音组合的短语。加前、后缀的词“有夏”“油然”“沃若”，联绵词“委婉”“窈窕”，叠音词“济济”“蠢蠢”以及外来词等，大体不会有分歧。但是要判断其他的一些双音组合到底是复音词还是短语，就需要进行认真的分析。判断的关键是从语法结构和词汇意义两方面看双音组合之间的亲合程度。

从语法结构上分析，如果一对双音组合不能拆开，拆开意义就发生变化，或这个双音组合不能随意扩张，如在其间加上别的词语，意义发生变化或不成词语，那么就是复音词；否则，就是短语。[①]

从词汇意义上考虑，一对双音组合如果结合紧密，共同表示一个概念，那就是复音词；否则，结合松散，每个音节各自代表一个概念，就是短语。如《左传·文公七年》："惠伯成之，使仲舍之，公孙敖反之，复为兄弟如初。"这里的"兄弟"应是短语。《公羊传·僖公二十五年》："其言来逆妇何？兄弟辞也。"何休注："宋鲁之间名婚姻为兄弟。"此句中的"兄弟"指婚姻、嫁娶，是复音词。现代汉语中的复音词，不少都是从古汉语的短语发展而来的，这是两个层面上的语言现象，所以更应慎重一些。

第三节　古汉语语法兼代现象

在古汉语语法中，常有词类活用的现象，这也成为古汉语语法的一大特点。但是在一些特定情况下，直接套用活用说也有不妥之处。如《史记》中"夫被坚执锐，义不如公"一句中"坚"和"锐"虽是形容词，但却分别在动词"被"和"执"之后，从而构成了动宾关系，因此，在这里用活用说，说"坚"和"锐"是将形容词活用为名词。

从翻译上看，可以说"坚"是"坚甲"的意思，而"锐"则是"锐兵"的意思。但是，把"坚"和"锐"说成词类活用却又不能概括这两个词的全部意义。因为"坚"的词义是"坚甲"，"锐"的词义是"锐兵"，而此类活用则仅仅是由于词性的转换导致的语法功能的不同，并不会改变词汇意义。那么，在"被坚执锐"中，"坚""锐"与"坚其志""锐其器"的用法又有不同，实际上，这是古汉语中以偏位成分代替整个语言结构的偏正结构的一种兼代现象。而"坚"

① 宋亚云 . 语用推理语义化与古汉语中一类形容词的产生 [J]. 湖北大学学报（哲学社会科学版），2019，46（6）：118-126.

和“锐”分别是以形容词定语兼代中心语“甲”和“兵”，它们的词性并未发生改变。这里可以援引另外两种情况加以比较，比如在《左传·成公二年》中的“擐甲执兵”，直接用名词“甲”和“兵”而没有使用其他修饰语。而在“可使制梃以挞秦楚之坚甲利兵矣”（《孟子·梁惠王上》）中，则完整地使用了偏正结构的形式。

从表达形式上看，前者胜在简略，后者则更为完整。而“被坚执锐”的用法，则是在简略中兼备了内容的丰富，可以说是这两种句式的统一结合。因此，如“被坚执锐”这类的语法，既是一种语法现象，同时也是一种修辞手法。

一、定中关系——定语兼代中心语

“被坚执锐”中的“坚”和“锐”分别兼代了中心语“甲”“兵”，在古汉语中，这种兼代现象较为普遍，而这一现象又可具体分为以下两类：

（一）前文体现中心词

以《史记·越世家》中的“陶朱公曰：至如少弟者，生而见我富，乘驱良，逐狡兔，岂知财所从来？”和《汉书·食货志》中的“乘坚策肥，履韭曳缟”为例，这里的“良”和“肥”都是兼代中心词“马”，而如“乘坚策肥，履丝曳缟”一句中的“坚”则兼代中心词“车”。又如《新论·通塞》中“乘肥衣轻，怡然自得”中的“轻”兼代中心词“裘”，《论语·雍也》中的“赤之适齐也，乘肥马，衣轻裘”。而“古者大夫乃不徒行，今之贱隶轻驱肥”（《晋书·傅咸传》）中的“轻”则兼代中心词“车”，而这类兼代现象在唐宋以来的诗词中的应用则更为频繁。

以“红”“绿”二字举例，“绿垂风折笋，红绽雨肥梅”（杜甫《陪郑广文游何将军山林》），“一夜西风送雨来，粉痕零落愁红浅”（温庭筠《张静婉采莲曲》），这些诗句中，都以“绿”来兼代中心语“叶”，而在“千里莺啼绿映红，水村山郭酒旗风”（杜牧《江南春》）中，则以“绿”兼代中心词“草”。在苏舜钦的《夏中》中“池中绿满鱼留子，庭下阴多燕引雏”则是以“绿”兼代中心词“水”。此外，在诸如“红垂野岸樱还熟，绿染回汀草又芳”（韦庄《思归》），“春阴柳絮不能飞，雨足蒲芽绿更肥”（赵孟頫《湖上莫归》）“知否知否，应是绿肥红瘦”（李清照《如梦令》）等诗句中，多有以“绿”字泛代“草木”之意。上文中并未出现中心词，导致偏位成分所兼代的中心词不确定，但是由于偏位成分能够开阔中心词的特点，所以只要通过联系上下文可以很容易明白其意思。这种兼代现象一直影响到现代汉语，如我们常说的“取长补短”“吃香喝辣”“穿红戴绿”等词，都是这种兼代现象在现代汉语中的体现。①

（二）中心词直接出现在前文中

如《史记·淮阴侯列传》中的“故善用兵者，不以短击长，而以长击短”中的“长”和“短”兼代前文出现的中心词“兵”。《孟子·告子上》中“体有贵贱，有小大，无以小害大，无以贱害贵”中的“贵”“贱”“小”“大”等词兼代中心词“体”。又如“君之民，老弱转乎沟壑，壮者散而之四方者，几千人矣”（《孟子·梁惠王下》）中以“老弱”兼代中心词“民”。“清浊小大，短长疾徐，哀乐刚柔，迟速高下，出入周疏，以相济也”（《左传·昭公二十年》）中以“清浊”“小大”等词兼代中心词“声”。另外还有“臣今通计所在百姓，贫多富少”（韩愈《论变盐法事宜状》）中以“贫”“富”兼代中心词“百姓”，都是这样的例子。

二、状中关系——状语兼代中心词

以“远”字为例，在“远”之后接宾语，我们常说这是形容词或用作动词的使动用法。这里举例《孟子·梁惠王上》中所说的“是以君子远庖厨也”。在杨伯峻先生的《孟子译注》中说“远，这里作动词使动用法，使他远离的意思。”按照这种解释，这句可以翻译成“君子把厨房摆在远离自己的地方，就是这个道理”。这里且不说古代君子是否能将厨房摆在远离自己的地方，单从语义上看，整句话都显得十分生硬。《颜氏家训·归心篇》对《孟子·梁惠王上》中这一句话的引用“儒家君子，尚离庖厨，见其生不忍其死，闻其声不食其肉“，从中可以很明显地看到原文中的“远庖厨”被改为了“离庖厨”，可见，对“远”的活用说是无法成立的。

此外，还有如“子干、子皙皆远之”（《左传·昭公十三年》）中的“远”，

① 张新凤．古汉语语法中的兼代现象 [J]. 咸宁学院学报，2012，32（7）：73-74.

从形式上看，它带上了宾语“之”，可以算是使动用法，然而，实际却并非如此。“远之”的“之”指的是共王所埋之璧，而“璧”是死物，是固定在太室之庭的，与上文中的“庖厨”一样，怎么可以随意地“使之远”呢？所以，这里的“远之”应是“远离璧”而并非“使璧远离”。那么，正是因为其“远离璧”所以子干、子皙“皆绝无后”。而正因为“再拜皆压纽”的近，所以弃疾能够“竟续楚祀，如其神符。其王日之长短，与拜去璧远近相应也。”

在王充的《论衡》中“远”已有“远离、远去”的意思，也可以证明“远之”应解做“远离之”。如《论衡·书虚》篇中的“舜禹治水，不得宁处，……远离中国，故天痛之”，《道虚》篇中“或时卢敖学道求仙，游乎北海，离众远去”，《指瑞》中的“凤皇，龟龙之类也……无远去之文”与“何故远去中国，处于边外”，以上数段中“远离”“远去”的意思都是“远远离开”的意思。

有专家根据汉代以后“远”字的“远离”“远去”等意义用法而认为先秦文献中的“远”是对“远离”“远去”的省略用法。在同时代中，一个词的意义可能都是由单字来承担，例如“远”，它承担了“远离”一词的全部意义，“远”是既作状语，又兼代中心词的。而到了后代产生“远去”“远离”等不同的用法，则是由于语法的不断完善，继而向更为精密更为准确的方向发展所致。

当然，状语兼代中心词并非是说古汉语中所有的中心词都必须用状语兼代，也并非为了否定“词类活用说”。这一论证只是为了说明“活用说”具有一定的局限性，在实际应用中不能直接套用这一理论，而应根据具体情况进行分析。如“不远千里而来”（《孟子》）中的“远”，根据词类活用说就可看成是动词的意动用法，因为它在符合句意的同时也具备了动词的基本语法功能。

三、动补关系——补语兼代中心语

一些容易被误解为词类活用的如《诗经·小戎》中“乱我心曲”的“乱”，《论衡·率性》篇中“怒其猛兽，欲以为乱”中的“怒”，《史记·卫将军骠骑列传》中“走白羊、楼烦王”中的“走”，以及“戴盈之曰：什一，去关市之征，今兹未能，请轻之”（《孟子·滕文公下》）中的“轻”，和“豺狼满道”（《三国志·吴书·吴主传》）中的“满”。如果按照使动用法来解释这些词，极有可能使文意含糊不清，迂曲生硬。又如《史记·项羽本纪》中有“项伯杀人，臣活之”的句子，这里的“活”，通常会被理解为形容词活用为动词的使动用法，按照这个思路则可翻译成“臣使之活”，这样的翻译就会产生歧义“使之活”？使谁活？项伯？还是被项伯杀了的人呢？

实际上，上面所举的例子都是形容词与不及物动词，他们都可以当作使动用法来运用，只不过上文中并未出现中心词，而是由偏位成分兼代罢了。这一点通过与下面的例句对比就更清楚了：

退则挠乱百官，而为祸难（《韩非子·说疑》）

欲以激怒襄王，故对以此言（《战国策·楚策》）

汉氏减轻租（《汉书·王莽传》）

淮南王刘安召术士伍被、左吴之辈，充满宫殿，作道术之书，论天下之襄(《论衡·谈天》篇）

遂能驱走董卓，扫除陵庙，忠勤王室，其功莫大（《后汉书·公孙瓒传》）

这些例句中的字，与其说是活用，不如说是使成式更好理解，而将其看作语法的兼代现象，则更为符合语句的意思，也更方便人们理顺词句，便于掌握。而在汉魏以后，随着使成式构词法的广泛应用，动补结合的复合词大量出现，并逐渐取代了偏位成分兼代中心语的功能，并延续至今，成为现代汉语中不可缺少的语句组成部分。然而兼代现象之所以能在漫长的历史时期中延续下来，则是由于我国古代文人的刻意模仿，如韩愈等人发起的“古文运动”等，奉先秦散文为正宗。因此，这一语法现象得以在各家散文中繁衍。

第二章　古汉语实词及其语法研究

实词表示客观事物及动作、行为、性状、变化、数量等，具有实在的意义，一般能充任句子成分，可以单独回答问题，也可以独立成句。本章围绕古汉语中动词、形容词、数词、量词以及代词及其语法展开研究。

第一节　古汉语中动词及其语法研究

一、古汉语中动词的分类

从动词所表语法意义来划分，可以分为表动作行为的动作动词，表心理活动的心理动词，表存在的存在动词，表可能和意愿的能愿动词以及表判断的判断动词等五类。[①]

（一）动作动词

动作动词包括普通动词和表示人或事物消长变化的动词等。

1. 普通动词。如：卒、征、伐、侵、夺等。例如：

例 1：冬，晋文公卒。（《左传·僖公三十二年》）

① 白玉林，迟铎．古汉语语法 [M]. 北京：中国社会科学出版社，2008.

例 2：子曰："三军可夺帅也，匹夫不可夺其志也。（《论语·子罕》）

例 3：征者，上伐下也；敌国不相征也。（《孟子·尽心下》）

例 4：狄人侵之。（《孟子·梁惠王下》）

2. 消变动词，如：生、长、消、息、蓄、衰、亡等。例如：

例 5：君子道长，小人道消。（《易·泰》）

例 6：草木畴生。（《荀子·劝学》）

例 7：是以奸臣蓄息，主道衰亡。（《韩非子·爱臣》）

以上这类动词是动词的主体部分，数量浩繁，不能尽举。

（二）心理动词

心理动词是表示人们心理活动的动词。如：爱、恶、忧、惧、恐、惑、畏等。例如：

例 1：爱其二毛。（《左传·僖公二十二年》）

例 2：仁者不忧，知者不惑，勇者不惧。（《论语·宪问》）

例 3：天不为人之恶寒也辍冬。（《荀子·天论》）

例 4：偿城恐不可得。（《史记·廉颇蔺相如列传》）

（三）存在动词

表示人或事物存在的动词，叫存在动词。古代汉语的存在动词有"有""无""在"三个。例如：

例 1：夫晋何厌之有？（《左传·僖公三十年》）

例 2：人谁无过？过而能改，善莫大焉。（《左传·宣公二年》）

例 3：子在，回何敢死！（《论语·先进》）

（四）能愿动词

表示可能、应该、意愿的一类动词叫能愿动词。如：能、可、欲、克、应、宜、当、敢、足、肯等。例如：

例 1：靡不有初，鲜克有终。（《诗经·大雅·荡》

例 2：是四国者，专足畏也。（《左传·昭公十二年》）

例3：今吾欲变法以治。（《商君书·更法》）

例4：寡人已知将军能用兵矣。（《史记·孙子吴起列传》）

（五）判断动词

能对客观事物的属性做出判断的动词，叫判断动词。先秦汉语已有判断动词“是”，已是不争的事实。例如：

例1：曰商是常。（《诗经·商颂·殷武》）

例2：何用见其是齐侯也？（《穀梁传·僖公元年》）

例3：此是何种也？（《韩非子·外储说左上》）

例4：此必是豫让也。（《史记·刺客列传》）

例5：本是朔方士，今为吴越民。（曹植《门有万里客行》）

例6：问今是何世，乃不知有汉，无论魏晋。（陶渊明《桃花源记》）

上述动词，能愿动词一般不能独立作谓语，因而也不能带宾语，它只能同谓语中心词结合作谓语；判断动词，存在动词能带宾语；动作动词、心理动词有的能带宾语，有的不能带宾语。能带宾语的动词叫及物动词，反之叫不及物动词。

二、古汉语中动词的组合

动词能受能愿动词、动词、副词、形容词、名词（包括时间名词）、数词以及介宾词组的修饰，并与之组成“状＋中”式偏正结构，还能和形容词、副词以及介宾词组组成“述＋补”式偏正结构；动词还可以和名词组合为动宾结构或主谓结构。动词受名词、动词与数词修饰，分别在词类活用和叙述句部分阐述。

（一）古汉语中动词的偏正结构

1.“状＋中”式

（1）“能愿＋动”式。

（2）“形＋动”式。例如：

例1：多行不义，必自毙。（《左传·隐公元年》）

例2：秦所以急围赵者，前与齐滑王争强为帝，已而复归帝，以齐故。（《战国策·赵策》）

例3：武侯逡巡再拜。（《荀子·尧问》）

例4：南阳刘子骥，高尚士也，闻之，欣然规往。（陶渊明《桃花源记》）

（3）“副＋动”式。例如：

例1：今又内围邯郸而不去。（《战国策·赵策》）

例2：侯生摄敝衣冠，直上载公子上座，不让。（《史记·魏公子列传》）

例3：余人各复延至其家，皆出酒食。（陶渊明《桃花源记》）

例4：于是帝族王侯、外戚公主，擅山海之富，居川林之饶，争修园宅，互相夸竞。（杨衒之《洛阳伽蓝记》）

（4）“动＋（而）＋动”式。例如：

例1：浴乎沂，风乎舞雩，咏而归。（《论语·先进》）

例2：素柰朱李，枝条人檐，伎女楼上，坐而摘食。（杨衒之《洛阳伽蓝记》

例3：悬泉瀑布，飞漱其间。（郦道元《水经注·巫山，巫峡》）

例4：丘之小，不能一亩，可以笼而有之。（柳宗元《钴鉧潭西小丘记》）

（5）“介宾＋动”式。例如：

例1：人不难以死免其君，我戮之不祥。（《左传·成公二年》）

例2：为人谋而不忠乎？与朋友交而不信乎？传不习乎？（《论语·学而》）

例3：大车无輗，小车无軏，其何以行之哉？（《论语·为政》）

例4：管仲以其君霸，晏子以其君显。（《孟子·公孙丑上》）

（6）“时（方）名＋动”式。例如：

例1：长驱到齐，晨而求见。（《战国策·齐策》）

例2：良庖岁更刀，割也。（《庄子·养生主》）

例3：天子吊，主人必将倍殡柩，设北面于南方，然后天子南面吊也。（《战国策·赵策》）

例4：朝闻道，夕死可矣。（《论语·里仁》）

2.“述＋补”式

（1）“动＋（之＋）形”式。例如：

例 1：老臣病足，曾不能疾走，不得见久矣。（《战国策 · 赵策》

例 2：子何以为之报仇之深也？（《史记 · 刺客列传》）

例 3：今韩信号兵数万，其实不过数千。能千里而袭我，亦以罢极。（《史记 · 淮阴侯列传》）

例 4：然公子遇臣厚，公子往而臣不送，以是知公子恨之复返也。（《史记 · 魏公子列传》）

（2）“动 + 副”式。例如：

例 1：君过矣！不若长安君之甚！（《战国策 · 赵策》）

例 2：夫子曰：“若是其靡也，死不如速朽之愈也。”（《礼记 · 檀弓》）

例 3：此岂其无天道之极乎！（《史记 · 伍子胥传》）

例 4：欲省赋甚。（《汉书 · 高帝纪》）

（3）“动 + 介宾”式。例如：

例 1：庚辰，将殡于曲沃。（《左传 · 僖公三十二年》）

例 2：左右以君贱之也，食以草具。（《战国策 · 齐策》）

例 3：子曰：“君子喻于义，小人喻于利。”（《论语 · 里仁》）

例 4：王坐于堂上，有牵牛过于堂下者。（《孟子 · 梁惠王上》）

3.“定 + 名”式

这类“动 + 名”式偏正结构，动词作定语，修饰名词。例如：

例 1：飞梁跨阁，高树出云。（杨衒之《洛阳伽蓝记》）

例 2：飞馆生风，重楼起雾。（杨衒之《洛阳伽蓝记》）

例 3：飞湍瀑流争喧豗。（李白《蜀道难》）

例 4：常记溪亭日暮，沉醉不知归路。（李清照《如梦令》）

（二）古汉语中动词的动宾结构

动宾结构例句如下：

例 1：知之为知之，不知为不知，是知也。（《论语 · 为政》）

例 2：以齐王，犹反手也。（《孟子 · 公孙丑上》）

例 3：有婢朝云，善吹篪。（北魏 · 杨衒之《洛阳伽蓝记》）

（三）古汉语中动词的主谓结构

1.“名＋之＋动（＋宾）”式。例如：

例 1：不虞君之涉吾地也，何故？（《左传·僖公四年》）

例 2：惜乎！夫子之说君子也，驷不及舌！（《论语·颜渊》）

2.“名＋动（＋宾）”式。例如：

例 1：师之所为，郑必知之。（《左传·僖公三十二年》）

例 2：夫子喟然叹曰：“吾与点也。”（《论语·先进》）

3.“代＋动（＋宾）”式。例如：

例 1：从台上弹人，而观其辟丸也。（《左传·宣公二年》）

例 2：其为人也，发愤忘食，乐以忘忧，不知老之将至云尔。（《论语·述而》）

例 3：何由知吾可也？（《孟子·梁惠王上》）

三、古汉语中动词的用法

古代汉语中动词的用法同现代汉语基本相同。动词能受程度副词以外的其他副词和形容词的修饰，大多数动词能带宾语及补语。动词在句中主要用作谓语，有时可作状语，偶尔也可作主语、宾语、定语和补语。

（一）动词作谓语

动词作谓语是动词的主要用法。如：

例 1：十年春，齐师伐我。公将战。（《左传·庄公十年》）

例 2：盆成括仕齐。孟子曰：“死矣，盆成括！”（《孟子·尽心下》）

例 3：下，视其辙。（《左传·庄公十年》）

例 4：今者，项庄拔剑舞，其意常在沛公也。（《史记·项羽本纪》）

例 5：余，是所嫁妇人之父也。（《论衡·死伪》）

例 6：寡人已知将军能用兵矣。（《史记·孙子吴起列传》）

例 1、例 2 动作动词“伐”“战”“死”作谓语。其中例 1“伐”带宾语“我”；

例3表示趋向的动词“下”作谓语；例4表示存在的动词“在”作谓语，受副词“常”修饰，并带宾语“沛公”；例5判断动词“是”作谓语，带宾语“所嫁妇人之父”；例6助动词“能”和动作动词“用”组成动词词组，作谓语，并带宾语“兵”。

动词作谓语除受副词、形容词修饰外，也可受数词修饰。如：

例1：一鼓作气，再而衰，三而竭。（《左传·庄公十年》）

例2：由是先主遂诣亮，凡三往，乃见。（《三国志·蜀书·诸葛亮传》）

例3：他日，驴一鸣，虎大骇，远遁。（柳宗元《三戒·黔之驴》）

例1、例3动作动词“鼓”“鸣”受数词“一”修饰；例2表示趋向的动词“往”受数词“三”修饰。

（二）动词作状语

动词作状语，主要用来表示动作行为的方式手段、状态等。王力先生认为动词的这种用法属词类活用。一般有两种形式。

1. 作状语的动词直接放在作谓语的动词前。例如：

例1：广身自射彼三人者，杀其二人，生得一人。（《史记·李将军列传》）

例2：西门豹簪笔磬折，向河立待良久。（《史记·滑稽列传》）

例3：争割地而赂秦。（贾谊《过秦论》）

例1作状语的动词“生”置于作谓语的动词“得”前，表示状态；例2作状语的动词“立”置于作谓语的动词“待”前，表示方式；例3作状语的动词“争”置于作谓语的动词“割”前，表示状态。

2. 用连词“而”或“以”将作状语的动词或动词词组同作谓语的动词连接起来。例如：

例1：吾尝跂而望矣，不如登高之博见也。（《荀子·劝学》）

例2：哙拜谢，起，立而饮之。（《史记·项羽本纪》）

例3：樊哙侧其盾以撞，卫士仆地。（《史记·项羽本纪》）

例4：黔无驴，有好事者船载以入。（柳宗元《三戒·黔之驴》）

例1、例2作状语的动词“跂”“立”，分别置于作谓语的动词“望”“饮”之前，中间用连词“而”连接，表示状态；例3作状语的动宾词组“侧其盾”

和例 4 作状语的偏正词组“船载”，分别置于作谓语的动词“撞”“入”之前，中间用连词“以”连接，表示方式。

（三）动词作补语

动词作补语，主要是表示结果或趋向。例如：

例 1：若火之燎于原，不可向迩，其犹可扑灭？（《尚书·盘庚上》）

例 2：旦日飨士卒，为击破沛公军。（《史记·项羽本纪》）

例 3：单于遂乘六骡，壮骑可数百，直冒汉围西北驰去。（《史记·卫将军骠骑列传》）

例 1、例 2 作补语的动词“灭”“破”，分别置于作谓语的动词“扑”“击”之后，表示结果；例 3 作补语的动词“去”，置于作谓语的动词“驰”之后，表示趋向。

（四）动词作定语

动词作定语，表示对中心词的修饰。例如：

例 1：不狩不猎，胡瞻尔庭有县貆兮？（《诗经·魏风·伐檀》）

例 2：民有饥色，野有饿莩。（《孟子·梁惠王上》）

例 3：此进趋之时也。（诸葛亮《后出师表》）

例 1 动词“县”修饰“貆”，组成偏正词组，作动词“有”的宾语；例 2 动词“饥”“饿”分别修饰“色”“莩”，组成偏正词组“饥色”“饿莩”，作动词“有”的宾语；例 3 同义动词“进”“趋”连用，借助标志助词“之”修饰“时”，偏正词组“进趋之时”充当句子的谓语。

（五）动词作主语、宾语

动词用作主语和宾语时，动词的动作性已消失，只是表示某种动作的名称或与动作有关的人或事物，具有名词的语法特征。

1. 作主语的，例如：

例 1：喜生于好，怒生于恶。（《左传·昭公二十五年》）

例 2：輮使之然也。（《荀子·劝学》）

例 3：教亦多术矣。（《孟子·告子下》）

例 4：时北兵已迫修门外，战、守、迁皆不及施。（文天祥《指南录后序》

例 5：知之为知之，不知为不知，是知也。（《论语·为政》）

例 1 的动词“喜”“怒”作主语，指“喜欢”“愤怒”这种心理状态；例 2 的动词“鍒”作主语，指“烘烤”这件事；例 3 的动词“教”作主语，指“教人之道”；例 4 的动词“战”“守”“迁”作主语，指“应战”“守卫”“转移”三种情况；例 5 的“知之”为动宾词组，“不知”为偏正词组，在句中作主语。

2. 作宾语的，例如：

例 1：夫大国，难测也，惧有伏焉。（《左传·庄公十年》）

例 2：民不畏死，奈何以死惧之。（《老子·七十四章》）

例 3：天之生此民也，使先知觉后知，使先觉觉后觉也。（《孟子·万章上》）

例 4：君子不鼓不成列。（《公羊传·僖公二十二年》）

例 1 动词“伏”作宾语，指“埋伏”这件事；例 2 动词“死”作宾语，指“死”这种情况；例 3 偏正词组“先知”“先觉”作宾语，指“先知者”“先觉者”；例 4 动宾词组“成列”作宾语，指“成列之师”。

（六）动词的使动用法

动词作谓语时，它所表示的动作行为不是主语发出的，而是主语使宾语发出的，换言之，动词所表示的动作行为，并不以宾语作为对象，而是使宾语发出这一动作行为，这就是动词的使动用法。动词的使动用法是古汉语的语法特点之一。它实质上是以动宾结构表达了兼语式的内容，但比兼语式的句法更精炼、更经济。

1. 动词的使动用法多见于不及物动词。不及物动词本来不带宾语，用于使动用法时，就带宾语了。例如：

例 1：夫子所谓生死而肉骨也。（《左传·襄公二十二年》）

例 2：庄公寤生，惊姜氏。（《左传·隐公元年》）

例 3：广故数言欲亡，忿恚尉。（《史记·陈涉世家》）

例 4：操军方连船舰，首尾相接，可烧而走也。（《资治通鉴》汉献帝建安

十三年）

例1“生”这个动作，不是主语“夫子”发出的，而是宾语“死”发出的；例2“惊”这个动作，是宾语“姜氏”发出的。“惊”本为不及物动词，这里用作使动用法，带了宾语“姜氏”；例3“忿恚”这个动作，是宾语“尉”发出的；例4动词“走”省略了宾语；从上下文可以看出，“走”这个动作不是主语发出的，而是省略了的宾语发出的。翻译为现代汉语时，要将其宾语译出。

2. 及物动词用作使动用法的情况，在古汉语中也时时可见。及物动词本来就带宾语，作使动用法后依然带宾语，因而及物动词的一般用法和使动用法从形式上难以区分，主要要从意义上进行分辨，看动词所表示的动作是主语发出的，还是宾语发出的。例如：

例1：晋侯饮赵盾酒。（《左传·宣公二年》）

例2：欲辟土地，朝秦楚。（《孟子·梁惠王上》）

例3：不如先斗秦赵。（《史记·项羽本纪》）

例4：又何吝一躯啖我而全微命乎？（马中锡《中山狼传》）

例1“饮”这个动作是宾语“赵盾”发出的，“饮赵盾酒”不是“饮赵盾的酒”，而是“使赵盾饮酒”；例2“朝”这个动作是宾语“秦楚”发出的，“朝秦楚”不是“朝拜秦楚”，而是“使秦楚朝拜”；例3“斗”这个动作是宾语“秦赵”发出的，“斗秦赵”不是“去斗秦赵”，而是“使秦赵相斗”；例4“啖”这个动作是宾语“我”发出的，“啖我”不是“吃我”，而是“让我吃”。

3. 动词的使动用法，在许多语法专著中，都将其视为词类活用。我们认为，所谓词类活用，即一类词活用为另一类词。而动词的使动用法，尽管它不同于动词的一般用法，但这也只是其词类内部功能的变化，说到底它还是动词。

（七）动词的为动用法

动词作谓语时，对于宾语含有介词“为”的意思，也就是说，动词所带的宾语不是动作的受事者，而是表示动作行为的目的或为之而发的对象，这就是动词的为动用法。用作动词为动用法的有及物动词，也有不及物动词，宾语多为指人的名词、代词。例如：

例1：坎坎鼓我，蹲蹲舞我。（《诗经·小雅·伐木》）

例 2：夫人将启之。（《左传・隐公元年》）

例 3：文嬴请三帅，曰。（《左传・僖公三十三年》）

例 4：今亡亦死，举大计亦死，等死，死国可乎？（《史记・陈涉世家》）

例 1 不及物动词“鼓”“舞”后带代词宾语“我”，郑笺曰：“为我击鼓坎坎然，为我兴舞蹲蹲然；例 2、例 3 及物动词“启”“请”后分别带宾语代词“之”和名词短语“三帅”，表示为之而发的对象；例 4 不及物动词“死”后带名词宾语“国”，表示动作的目的。

四、古汉语中其他词类活用为动词

汉语语法，根据语法功能和词汇意义可以把词分成若干类。哪一个词属于哪一类一般是固定的，各类词在句子中充当什么成分也有一定的分工。但是，某些词按照一定的语言习惯又可以灵活运用，在句子中改变其基本功能，临时充当另一类词，具有另一类词的语法功能，这种语言现象被称为词类的活用。

（一）名词活用为动词

名词活用为动词后，具有动词的语法功能，但原有的名词意义并没有消失，只是增加了相应的动词意义。

1. *名词活用为动词的一般用法*

例 1：从左右，皆肘之，使立于后。（《左传・成公二年》）

例 2：越国以鄙远，君知其难也。（《左传・僖公三十年》）

例 3：秦师遂东。（《左传・僖公三十二年》）

例 4：日事，遇朔曰朔。（《穀梁传・僖公二十二年》）

例 5：沛公引军过而西。（《史记・高祖本纪》）

例 6：乃丹书帛曰：“陈胜王。”置人所罾鱼腹中。（《史记・陈涉世家》）

判断一个名词是否活用为动词的一般方法，除了结合上下文，看意义上是否连贯外，还要注意其语法功能。名词活用为动词，就应当具备动词的语法功能。如果句中有名词受副词修饰的现象，那么这个名词就可能活用为动词。如例 1 中的“肘”，其前有副词“皆”修饰，那么“肘”就活用为动词，是“用肘碰”

的意思。例 3 中的“东”，其前有副词“遂”修饰，那么“东”就活用为动词，是“东进”“向东进发”的意思。

如果两个名词连用，或名词后有代词，而前面的名词对后面的名词、代词并无修饰、限制作用，那么前一名词就活用为动词了，后面的名词或代词则是其宾语。如例 1 的“肘”活用为动词，“之”是宾语；例 4 的“日”活用为动词，是“记载日期”的意思，“事”是宾语。如果名词前有特殊指示代词“所”，那么其后的名词一定活用为动词；例 5 中的连词“而”连接动词“过”和名词“西”，名词“西”便活用为动词，是“西进”之意；例 6 中的“罾”本为名词，是“鱼网”之意，置于“所”之后，“罾”活用为动词，是“用网打捞”之意。如果名词与动词间用连词“而”连接，那么其中的名词就活用为动词了。

2. *名词活用为动词的使动用法*

（1）名词活用为动词后，带有宾语。主语使其宾语所代表的人或事物成为这个活用为动词的名词所表示的人或事物，这就是名词的使动用法。例如：

例 1：夫子所谓生死而肉骨也。（《左传・襄公二十二年》）

例 2：公若曰：“尔欲吴王我乎？”遂杀公若。（《左传・定公十年》）

例 1 中的“肉骨”不是并列结构，而是动宾结构，相当于“使白骨生肉”，“死生”“肉骨”都是使死者复生的意思；例 2 中的“吴王”是专有名词，在这里活用为动词的使动用法，使宾语“我”成为活用为动词的名词“吴王”。

（2）方位名词也可以活用为动词的使动用法，它使宾语所表示的人或事物向活用为动词的方位名词的方向行动。例如：

例 3：故王不如东苏子，秦必疑齐而不信苏子矣。（《史记・苏秦列传》）

“东苏子”是“使苏子向东去”的意思。方位词的使动用法在古汉语里是比较少见的。

3. *名词活用为动词的意动用法*

名词活用为动词后，带有宾语。主语主观认为宾语所代表的人或事物就是活用为动词的名词所代表的人或事物，这就是名词的意动用法。例如：

例 1：不如吾闻而药之也！（《左传・襄公三十一年》）

例 2：友风而子雨。（《荀子·云赋》）

例 3：或谓孔子于卫主痈疽，于齐主侍人瘠环，有诸乎？（《孟子·万章上》）

例 4：夫人之，我可以不夫人之乎？（《穀梁传·僖公八年》）

例 5：公子乃自骄而功之，窃为公子不取也。（《史记·魏公子列传》）

例 1 中的名词“药”活用为动词，“之”是其宾语，“药之”即“认为谏言是药石”；例 2 中的“风”“雨”分别作活用为动词的“友”“子”的宾语，“友风”即“以风为友”，“子雨”即“以雨为子”；例 3 中的名词“主”活用为动词，“痈疽”“瘠环”是其宾语，“主痈疽”即“以痈疽为主人”，“主瘠环”即“以瘠环为主人”；例 4 中的名词“夫人”活用为动词，“之”是其宾语，“夫人之”即“以之为夫人”；例 5 中的名词“功”活用为动词，“之”是其宾语，“功之”即“认为对赵国有功”。

（二）形容词活用为动词

1. 形容词活用为动词的使动用法

形容词的使动用法，就是形容词活用为动词、带了宾语以后，使宾语所表示的人或事物具有这个形容词所表示的性状。例如：

例 1：鼻大可小，小不可大也；目小可大，大不可小也。（《韩非子·说林下》）

例 2：今媪尊长安君之位。（《战国策·赵策四》）

例 3：臣闻之，欲富国者务广其地，欲强兵者务富其民。（《战国策·秦策一》）

例 4：能富贵将军者，上也。（《史记·魏其武安侯列传》）

例 1 中的形容词“小”“大”活用为使动用法，意思是“使……小”“使……大”，其后省略了宾语；例 2 中的形容词“尊”活用为使动用法，它使其宾语“长安君之位”具有“尊”的性质；例 3 中的形容词“富”“广”“强”活用为使动用法，分别使其宾语“国”“地”“兵”“民”具有了“富”“广”“强”的性质；例 4 中的形容词“富贵”活用为使动用法，“富贵将军”就是“使将军富贵”的意思。

2. 形容词活用为动词的意动用法

形容词的意动用法，就是形容词活用为动词、带了宾语以后，作为主语的当事者主观上认为宾语具有这个形容词所表示的性状。例如：

例 1：故西施病心而矉其里，其里之丑人见之而美之，归亦捧心而矉其里。（《庄子·天运》）

例 2：孔子登东山而小鲁，登泰山而小天下。（《孟子·尽心上》）

例 3：人主自智而愚人。（《吕氏春秋·知度》）

例 4：滕公奇其言，壮其貌，释而不斩。（《史记·淮阴侯列传》）

例 5：时充国年七十，上老之。（《汉书·赵充国传》）

例 1 中的形容词“美”活用为意动用法，表示当事人主观上认为宾语“之”具有“美”的性状；例 2 中的形容词“小”活用为意动用法，“小鲁”“小天下”就是“以鲁为小”“以天下为小”的意思；例 3 中的形容词“智”“愚”活用为意动用法，表示“人主”认为前置宾语“自”及“人”分别具有“智”“愚”的性状；例 4 中的形容词“奇”“壮”活用为意动用法，“奇其言”“壮其貌”就是“以其言奇”“以其貌壮”的意思；例 5 中的形容词“老”活用为意动用法，“老之”就是“以之为老”的意思。

（三）数词活用为动词

少量数词可以活用为动词。活用为动词的数词在句中作谓语，并可以带宾语，有的也带补语。例如：

例 1：大国地方百里，君十卿禄，卿禄四大夫，大夫倍上士。（《孟子·万章下》）

例 2：天下固畏齐之强也，今又倍地而不行仁政，是动天下之兵也。（《孟子·梁惠王下》）

例 3：军不五不攻，城不十不围。（《史记·楚世家》）

例 1 数词“十”“四”“倍”活用为动词，意思是超出十倍、四倍和一倍；例 2 数词“倍”活用为动词，后带名词宾语“地”，其前有副词“又”修饰；例 3 数词“五”“十”活用为动词，其前有否定副词“不”修饰。

（四）人称代词活用为动词

人称代词在某些语言环境中可以临时活用为动词。但总而言之，这种用法不多见。例如：

例 1：且也相与吾之耳矣，庸讵知吾所谓吾之乎？（《庄子·大宗师》）

例 2：开皇初，被征入朝，见公卿不为礼，无贵贱皆汝之。（《隋书·杨伯丑传》）

例 3：尝众辱奇，或尔汝之，或指为小人。（《北史·陈奇传》）

例 4：庾曰："卿自君我，我自卿卿。我自用我法，卿自用卿法。"（《世说新语·方正》）

例 1 中的"吾"前有副词"相与"修饰，后带有宾语"之"；例 2 中的"汝"前有副词"皆"修饰，后带有宾语"之"，均活用为动词；例 3 中的"尔汝"活用为动词，带有宾语"之"；例 4 中表示尊称的"君""卿"分别带有宾语"我""卿"，活用为动词。

第二节 古汉语中形容词及其语法研究

一、古汉语中形容词的分类

汉语形容词也是个开放型的词类，古代汉语形容词自不例外，其数量浩大，语法意义错综复杂，因此，要对它进行分类，也是相当困难的。为了说明问题，形容词所概括的语法意义可以分为十类：拟形、拟质、拟态、拟量、拟断、拟时、拟感、拟度、拟色、拟声。[①]

（一）拟形

描摹人或事物形态的形容词，叫拟形形容词。例如：

---

① 刘昱彤，吴斌，谢韬，等. 基于古汉语语料的新词发现方法 [J]. 中文信息学报，2019，33（1）：46-55.

例 1：参差荇菜，左右流之。（《诗经·周南·关雎》）

例 2：冠切云之崔嵬。（《楚辞·九章·涉江》）

例 3：邹忌修八尺有余，而形貌昳丽。（《战国策·齐策》）

例 1“参差”，长短、高低不齐貌；例 2“崔嵬”，犹“嵯峨”，高貌；例 3“昳丽”，神采焕发，容貌美丽。

（二）拟质

描摹人或事物性质的形容词，叫拟质形容词。例如：

例 1：氓之蚩蚩，抱布贸丝。（《诗经·卫风·氓》）

例 2：大人之忠俭者从而与之，泰侈者因而毙之。（《左传·襄公三十年》）

例 3：贤哉回也！（《论语·雍也》）

例 1“蚩蚩”，敦厚貌；例 2“泰侈”即“汰侈”，骄纵。

（三）拟态

描摹人或事物的动作、行为变化的状态的形容词，叫拟态形容词。例如：

例 1：河水洋洋，北流活活。（《诗经·卫风·硕人》）

例 2：寤寐无为，涕泗滂沱。（《诗经·陈风·泽陂》）

例 3：含言言哽咽，挥涕涕流离。（陆机《挽歌》）

例 1“洋洋”，盛大貌，“活活”，水流的样子；例 2“滂沱”，大雨貌，形容泪如雨下的样子；例 3“哽咽”，悲痛气塞说不出话的样子，“流离”，犹“淋漓”，流泪的样子。

（四）拟量

描摹人或事物约略数量的形容词，叫拟量形容词。这里指的不是数词或数量值，而是指古汉语描写多少、众寡之类的形容词。例如：

例 1：我事孔庶。（《诗经·小雅·小明》）

例 2：靡不有初，鲜克有终。（《诗经·大雅·荡》）

例 3：春秋逴逴而日高兮。（《楚辞·九辩》）

例 4：秦地旷而人寡，晋地狭而人伙。（《新唐书·突厥传》）

例 1“庶”，众多；例 2“鲜”，少；例 3“高”，指岁数大；例 4“寡”，少。

（五）拟断

表示人们对客观事物正确与否的判断的形容词，叫拟断形容词。例如：

例 1：昭阳以为然，解军而去。（《战国策 · 齐策》）

例 2：否，非若是也。（《战国策 · 魏策四》）

例 3：沛公然其计，从之。（《史记 · 高祖本纪》）

上述两例中的“然”字是形容词，表示对客观事物的肯定。例 1 的“然”当“是”“对”“正确”讲；例 3 的“然”当“认为……对”“认为……正确”讲，与其相反，例 2 的“否”是表否定的形容词，当“不是”“不对”“不正确”讲。

（六）拟时

用来描摹客观的时间变化的形容词，叫拟时形容词。这类形容词不同于时间副词，它具备形容词的语法功能。例如：

例 1：臣之壮也，犹不如人，今老矣，无能为也矣。（《左传 · 僖公三十年》）

例 2：寡人年少，莅国日浅。（《战国策 · 赵策》）

例 1“壮”指壮年时，“老”指老年时；例 2“浅”形容时间短。

（七）拟感

描摹人们的感官对客观事物的感受和体验的形容词，叫拟感形容词。包括人们的嗅觉、味觉、触觉乃至意觉等对客观事物的感受和体验。例如：

例 1：鲍鱼之肆不闻其臭。（《孔子家语》）

例 2：晨露晞而草馥，微风起而树香。（谢朓《思归赋》）

以上两例中加点的形容词是诉之于嗅觉的形容词。

例 3：凡和，春多酸，夏多苦，秋多辛，冬多咸。（《周礼 · 天官 · 食医》）

例 4：甘毳以养口，轻暖以养体。（《盐铁论 · 孝养》）

以上两例加点的形容词是诉之于味觉的。

例 5：水就湿，火就燥。（《易 · 乾 · 文言》）

例 6：狐裘不暖锦衾薄。（岑参《白雪歌送武判官归京》）

以上两例中加点形容词是诉之于触觉的。

例 7：今币重而言甘，诱我也。（《左传 · 僖公十年》）

例 8：是故明君贵五谷而贱金玉。（晁错《论贵粟疏》）

以上两例中加点的形容词是诉之于意觉的。

（八）拟度

描摹客观事物状态变化的程度的形容词，叫拟度形容词。例如：

例 1：烈味重酒。（《吕氏春秋·尽数》）

例 2：柳条百尺拂银塘，且莫深青只浅黄。（《杨万里·新柳》）

例 3：草枯鹰眼疾，雪尽马蹄轻。（王维《观猎》）

以上加点形容词例 1 是描写酒味的烈度的；例 2 是描写柳条颜色变化的程度的；例 3“疾”是描写鹰眼犀利的程度，“轻”是描写马蹄踏雪后蹄着地的程度的。

（九）拟声

描写自然界声音的形容词，叫拟声形容词。这类形容词是对宇宙间声音的抽象描写，而不是对其客观地再现，是对声音情貌的描绘，而不是自然主义的记录。对于后者，称之谓象声词。例如：

例 1：叩之，其声清越以长。（《礼记·聘义》）

例 2：水声幽咽，山势崆峒。（庾信《秦州天水郡麦积崖佛龛铭》）

例 3：南音函胡，北音清越。（苏轼《石钟山记》）

例 4：余音袅袅，不绝如缕。（苏轼《前赤壁赋》）

例 1、3“清越”，形容声音清畅高扬；例 2“幽咽”，形容微弱的、若有若无的声音；例 3“函胡”，形容声音模糊不清；例 4“袅袅”，形容声音婉转悠扬。

（十）拟色

描摹人或事物色彩的形容词，叫拟色形容词。例如：

例 1：彤管有炜，说怿女美。（《诗经·邶风·静女》

例 2：缁衣之宜兮，敝，予又改为兮！（《诗经·郑风·缁衣》）

例 3：青青河畔草。（文选《古诗十九首》）

例 4：往来不逢人，长歌楚天碧。（柳宗元《溪居》）

例 1“炜”，红色；例 2“缁”黑色；例 3“青青”，青色；例 4“碧”，绿色。

形容词是一个开放性的词类。客观事物是无穷无尽的，描写它们的形容词也是十分丰富的。不仅如此，由于词义的滋乳、引申和转移，同一个词也会派生出不同的意义，而产生出不同的语法意义，从而分属不同的类别，更不用说活用作别类词的现象了。比如“直”，在“木直中绳”句中，它是曲直之“直”，属拟形类；而在“直哉，史鱼”句中，它又是正直、耿直的“直”，应是拟质类。对于词义的理解，除其本义外，引申义、假借义等是离不开具体语言环境的，因此，在分析词的义类时，就要具体问题具体分析。对形容词的分类，也只是为了便于认识它而就某种意义上的分类，很难说能把这样一个开放性的词类一览无余。

二、古汉语中形容词的组合力

形容词是非常活跃的一类词，它有极强的组合能力，从而表现出极其鲜明的语法性质。形容词与其它词的组合关系可以归纳为形形组合、形名组合、副形组合、形动组合、形缀组合、形介组合、名形组合等七种。

（一）古汉语中形容词的形形组合

形形组合为联合关系，可分为二种形式：“形 + 形 " 式、“形 + 连 + 形”式。例如：

例 1：不义而富且贵，于我如浮云。（《论语 · 述而》）

例 2：子温而厉，威而不猛，恭而安。（《论语 · 述而》）

例 3：古之君子，其责已也重以周，其待人也轻以约。（韩愈《原毁》）

“形 + 连 + 形”式常用连词有“而”“以”“且”等。

（二）古汉语中形容词的形名组合

形名组合式构成“定 + 中”式偏正关系，可分为四种形式。

1.“形（单）+ 名（单）”式

例 1：赦小过，举贤才。（《论语 · 子路》）

例 2：彼圣人者，天下之利器也，非所以明天下也。（《庄子 · 胠箧》）

例 3：汉兴，除秦苛政。（《史记 · 孝文本纪》）

例 4：始以薛公子为魁然也，今视之，乃眇小丈夫耳。（《史记·孟尝君列传》）

2.“形（双）+ 之 + 名（单）”式

例 1：无邀正正之旗，勿击堂堂之阵，以此治变者也。（《孙子·军争》）

例 2：使有贵贱之等，长幼之差。（《荀子·荣辱》

例 3：然秦以区区之地，千乘之权，招八州而朝同列，而有余年矣。（《史记·秦始皇本记》）

例 4：为扬俭素之名，——约除奢侈之患。（《敦煌变文集·降魔变文》）

3.“形（双）+ 名（单）”式

例 1：伏念曾无丝毫事，为报答效。（韩愈《为河南令上留守郑相知启》）

例 2：况复小小轻财，敢向佛边吝惜。（《敦煌变文集·降魔变文》

例 3：圣明天子堪匡佐。（《敦煌变文集·捉季布传文》

例 4：以益强之秦而割愈弱之赵，其计故不止矣。（《史记·平原君虞卿列传》）

4.“形（双）+ 之 + 形（单）+ 名（单）”式

例 1：倜傥之极异，忘记谲诡之殊事。（左思《吴都赋》）

例 2：鲁仲连者，齐人也。好奇伟俶傥（同倜傥）之亘策，而不肯仕宦任职，好持高节。（《史记·鲁仲连邹阳列传》

（三）古汉语中形容词的副形组合

副形组合式是“状 + 中”式偏正关系，副词修饰作述语的形容词。例如：

例 1：嘉我未老，鲜我方将。（《诗·小雅·北山》）

例 2：籴，甚贵伤民，甚贱伤农。（《汉书·食货志》）

例 1“将”，朱熹《诗集传》：“壮也”，形容词。该式的副词多为程度副词，也有否定副词如“不”“未”和时间副词，如“方”。

（四）古汉语中形容词的形动组合

形动组合“形”与“动”或直接结合，或由连词连接。例如：

例1：长驱到齐，晨而求见。（《战国策·齐策》）

例2：博学之，审问之，慎思之，明辨之，笃行之。（《礼记·中庸》）

例3：心结结而不解兮，思蹇产而不释。（《楚辞·九歌·哀郢》）

例1、2两例“形+动”为“状+中”式偏正关系，例3“形+而+动”为联合关系。

（五）古汉语中形容词的形缀组合

古汉语中“然”“尔”“如”“若”“焉”“乎”等词虚化后成为形容词后缀，凡是和它们结合的词均成为形容词，这是词缀的语法功能使然。能和形容词缀结合的除了形容词以外，尚有动词、象声词、名词等。和形容词结合的，又可分为单音形容词的“AX”式，双音形容词的“AAX”式或“ABX”式三种类型。

1.“AX”式。例如：

例1：桑之未落，其叶沃若。（《诗·卫风·氓》）

例2：天油然作云，沛然下雨，苗渤然兴之矣。（《孟子·梁惠王上》）

他如“率尔”“突而”“渤焉”“焕乎”“慎如”等。

2.“AAX”式。例如：

例1：闵子侍侧，訚訚如也；子路行行如也；冉有、子贡，侃侃如也。（《论语·先进》）

例2：美哉！泱泱乎！堂堂乎！（《韩非子·外储说右上》）

例3：夫子循循然善诱人。（《论语·子罕》）

例4：言必信，行必果，硁硁然小人哉！（《论语·子路》

3.“ABX”式。例如：

例：飘摇乎高翔。（《战国策·楚策》）

上述的缀加式，仍属于偏正式结构。

（六）古汉语中形容词的形介组合

古代汉语中形容词作述语中心词，后接介宾词组补语，是常见的组合形式。但是，在长期使用中，介词的宾语脱落，而介词逐渐向形容词靠拢，结合紧密而不易分开，以致最终在近代以至现代汉语中，凝固成了一个动词，而原介词的宾语成了“形+介”这个动词的宾语了。如“忠于”“在于”“善于”“勇于”“难以”“易以”等，此是后话。古代汉语的“形+介”可以看作现代汉语这类动词的滥觞。介词的宾语有的还可以补出。例如：

例1：众叛亲离难以济矣。（《左传·隐公四年》）

例2：夫子固拙于用大矣。（《庄子·逍遥游》）

形介组合式可以把它看作述补式偏正关系。

（七）古汉语中形容词的名形组合

名形组合格式往往是“名+形”和“名+之+形”两种。例如：

例1：氓之蚩蚩，抱布贸丝。（《诗·卫风·氓》）

例2：任重而道远。（《论语·泰伯》）

例3：然则师愈与？（《论语·先进》）

例4：蚓无爪牙之利，筋骨之强，上食埃土，下饮黄泉，用心一也。（《荀子·劝学》

以上例1～4加“·”部分从语序上看均是主谓关系。1、4主谓之间有结构助词“之”，但是，若从语序调整的角度来观察，两例中作谓语的“蚩蚩”“利”“强”又可还原至定语位置，换句话说，这两例又可看作定语后置。

（八）古汉语中形容词的介形组合

介形组合构成“介+形”式介宾词组，作句子成分。例如：

例1：祸之所由生也，生自纤纤也。（《荀子·大略》）

例2：商贾因其富厚，交通王侯。（晁错《论贵粟疏》）

以上“介+形”式由于形容词与介词结合，活用作名词，如例2“富厚”还能带代词定语“其”。该式在句中常作状语，如例2，或补语如例1。

（九）古汉语中形容词的形助（者）组合

形助组合主要是“形+者”式。形容词与助词“者”结合为名词性的“者”字词组，作句子成分。例如：

例1：浩浩者水，育育者鱼。（《管子·小问》

例 2：是故智者之虑，必杂于利害。（《孙子·九变》）

以上例 1“浩浩者”“育育者”作主语；例 2“智者”作定语。

（十）古汉语中形容词的助（所）形组合

助形组合是指“所 + 形”式。形容词与结构助词“所”结合后，活用作动词，构成名词性的“所”字词组，作句子成分。例如：

例 1：衣食所安，弗敢专也，必以分人。（《左传·庄公十年》）

例 2：上舍法，任民之所善，故奸多。（《商君书·弱民》）

以上例 1“所安”作判断谓语；例 2“所善”作“任”的宾语。

形容词的上述十种组合关系。通常可以归纳为四类：①偏正关系——形名、形动副形、形缀组合；②主谓关系——名形组合；③联合关系——形形组合；④词性转移——形助、助形、介形、形介组合。通过上述分析可以看出，形容词的主要语法作用是修饰名词、动词，还可以接受一些副词的修饰，从而构成偏正关系，形容词也可同形容词结合，构成联合关系。

三、形容词的词形变化

（一）重叠

形容词重叠后，有加强描述人或事物性状、情态的作用。例如：

例 1：皎皎白驹，食我场苗。（《诗经·小雅·白驹》）

例 2：江南可采莲，莲叶何田田！（《乐府诗集·江南古辞》）

例 3：藐藐孤女，曷依曷恃？（陶渊明《祭程氏妹文》）

例 4：两鬓苍苍十指黑。（白居易《卖炭翁》）

例 1、例 3 分别用重叠的形容词“皎皎”“藐藐”作定语，极言白驹之洁白、孤女之弱小；例 2、例 4 分别用重叠的形容词“田田”“苍苍”作谓语，着力描述莲叶浮在水面上的美态和卖炭翁的苍老。

（二）带词尾

形容词词素后附“如”“若”“然”“尔”“焉”“乎”等词尾，组成形容词。“有……的样子”的意思。例如：

例 1：孔子于乡党，恂恂如也。（《论语·乡党》）

例 2：桑之未落，其叶沃若。（《诗经·卫风·氓》）

例 3：皓皓乎不可尚已！（《孟子·滕文公上》）

例 4：而蕞尔江南，独违王命。（《资治通鉴》晋孝武帝太元七年）

例 5：环堵萧然，不蔽风日。（陶渊明《五柳先生传》）

例 1 中的形容词词素“恂恂”后加词尾“如”组成形容词；例 2 中的形容词词素“沃”后加词尾“若”组成形容词；例 3 中的形容词词素“皓皓”后加词尾“乎”组成形容词；例 4 中的形容词词素“蕞”后加词尾“尔”组成形容词；例 5 中的形容词词素“箫”后加词尾“然”组成形容词。

四、形容词的用法

（一）形容词用作定语

形容词作定语是形容词的主要用法。形容词作定语，有直接置于名词前的，有形容词和名词间加助词“之”作为定语标志的。例如：

例 1：关关雎鸠，在河之洲。（《诗经·周南·关雎》）

例 2：小大之狱，虽不能察，必以情。（《左传·庄公十年》）

例 3：我知言，我善养吾浩然之气。（《孟子·公孙丑上》）

例 4：大道以多歧而亡羊。（《列子·说符》）

例 5：此地有崇山峻岭，茂林修竹。（王羲之《兰亭集序》）

例 1 中的象声词“关关”置于名词“雎鸠”前，作定语；例 2、例 3 中的形容词“小大”“浩然”与名词“狱”“气”之间，有助词“之”作标志，充当定语；例 4、例 5 中的形容词“大”“崇”“峻”“茂”“修”分别直接置于名词“道”“山”“岭”“林”“竹”之前，作定语。

（二）形容词用作谓语

例 1：其文约，其辞微，其志洁，其行廉。（《史记·屈原贾生列传》）

例 2：今愈虽愚且贱，其从事于文，实专且久。（韩愈《至邓州北寄上襄阳于相公书》）

例 3：车辚辚，马萧萧，行人弓箭各在腰。（杜甫《兵车行》）

例 4：由山以上五六里，有穴窈然。（王安石《游褒禅山记》）

例 5：然五人之当刑也，意气扬扬，呼中丞之名而詈之，谈笑而死。（张溥《五人墓碑记》）

例 1 中的形容词“约”“微”“洁”“廉”分别用在作主语的偏正词组“其文”“其辞”“其志”“其行”之后，作谓语；例 2 中的形容词“愚”“贱”“专”“久”分别用连词“且”连接，作谓语；例 3 中的象声词“辚辚”“萧萧”置于名词“车”“马”之后，作谓语；例 4、例 5 中的形容词“窈然”“扬扬”分别置于名词“穴”“意气”之后，作谓语。

（三）形容词用作状语

例 1：坎坎伐檀兮，置之河之干兮。（《诗经·魏风·伐檀》）

例 2：夫大国，难测也。（《左传·庄公十年》）

例 3：杂然相许。（《列子·汤问》）

例 4：敌人纷堕如落叶。（《清稗类钞·冯婉贞胜英人于谢庄》）

例 1 中的象声词“坎坎”置于动词“伐”前，作状语；例 2、例 3、例 4 中的形容词“难”“杂然”“纷”分别置于动词“测”“许”“堕”前，作状语。

用作状语的形容词与副词有时不易区分。而要区分二者，特别是在以单音词为主的古汉语中区分二者，主要看其能否充当谓语。如《史记·越王勾践世家》：“重千金虚弃庄生，无所为也。”《汉书·匈奴传》：“兵不空出。”《梦溪笔谈·神奇》：“此理宛然，孰观之可谕。”前两例中的“虚”“空”是“白白”“徒然”之意，后例中的“孰”是“审慎”“周密”“仔细”之意。再查古籍，后例中此义项的“孰”可在句中作谓语，《荀子·议兵》：“凡虑事欲孰。”而“虚”“空”则不可。由此可以断定“虚”“空”为副词，“孰”为形容词。

（四）形容词用作补语

形容词作补语一般是直接置于动词之后。例如：

例 1：汉氏减轻田租。（《汉书·王莽传》）

例 2：滂登车揽辔，慨然有澄清天下之志。（《后汉书·范滂传》）

例1中的形容词“轻”是动词“减”的补语；例2中的形容词“清”是动词“澄”的补语。

（五）形容词用作主语、宾语

1. 形容词作主语、宾语时，已具有名词性。它除了继续保留形容词原有的意义之外，还兼代中心词，即可在其后补出被修饰的人或事物。例如：

例1：小所以事大，信也；大所以保小，仁也。（《左传·哀公七年》）

例2：今梁、赵相攻，轻兵锐卒必竭于外，老弱罢于内。（《史记·孙子吴起列传》）

例3：夫被坚执锐，义不如公。（《史记·项羽本纪》）

例4：乘坚策肥，履丝曳缟。（晁错《论贵粟疏》）

例5：恽幸有余禄，方籴贱贩贵。（杨恽《报孙会宗书》）

例6：瑜等率轻锐继其后，雷鼓大震，北军大坏。（《资治通鉴》汉献帝建安十三年）

例1中的形容词“小”“大”指“小国”和”“大国”，作主语和宾语；例2中的形容词“老弱”指“老弱兵卒”，作主语；例3中形容词“坚”指“坚固的甲衣”，“锐”指“锐利的武器”；例4中的形容词“坚”指“坚车”，“肥”指“肥马”，均作宾语；例5中的形容词“贱”和“贵”指“贱的东西”和“贵的东西”，“贱”作“籴”的宾语，“贵”作“贩”的宾语；例6中的形容词“轻”指“轻兵”，“锐”指“锐卒”，“轻锐”作“率”的宾语。

2. 对充当主语、宾语的形容词看法不一。《古代汉语》在词类活用一章的前言中，举了“将军身披坚执锐”（《史记·陈涉世家》）作为活用的例证，但在具体论述词类活用时，没有涉及这一类型。有学者从另一角度认为这是一种修辞方式——代称，用事物的性状、特征指代该事物。也有人认为这是一种省略——中心词省略，以限制、修饰词来代替中心词。《辞源》《辞海》《汉词大词典》《现代汉语词典》对“坚”均做了明确的解释，指“坚固的东西、事物”，但对“锐”“肥”等未做说明。

第三节　古汉语中数词及其语法研究

表示数目和次序的词叫作数词。数词的语法作用主要是修饰名词、动词，作句子的定语或状语，也可作补语、主语、宾语、谓语等。[①]

一、数词的分类及表述

数词可分为基数、序数、分数、倍数、约数和虚数。古汉语数词的表述方式，基本上同现代汉语相同，但也有一些特点。现分类叙述如下：

（一）基数及其表述

表示人或事物数目的是基数。如“一”“二”“三”“四”“五”“六”“七”“八”“九”“十”“百”“千”“万”“亿”等。

1. 整数后直接加零数。这一点与现代汉语相同

例 1：谋八十一篇，言七十一篇，兵八十五篇。（《汉书·艺文志》）

例 2：子厚以元和十四年十一月八日卒，年四十七。（韩愈《柳子厚墓志铭》）

2. 整数与零数之间加连词“有”字

例 1：旬有五日，百濮乃罢。（《左传·文公十六年》）

例 2：舜相尧二十有八载。（《孟子·万章上》）

例 3：割地而朝者三十有六国。（《韩非子·五蠹》）

3. 整数与缺位的零数之间不加“零”字

例 1：凡诗赋百六家，千三百一十八篇。（《汉书·艺文志》）

例 2：桂阳郡十一城，户十三万五千二十九，口五十万一千四百三。（《后汉书·郡国志》）

---

① 倪博洋. 从语气词、叹词看上古汉语声调构拟 [J]. 语言科学，2019，18（2）：201–211.

古汉语整数与缺位的零数之间一般不用“零”字，现代汉语则习惯加“零”字。古汉语的“百六”“四百三”就是现代汉语所说的“一百零六”“四百零三’。

4. 除零数外，凡是“一”，则经常省却“一”字

例1：今齐地方千里，百二十城。（《战国策·齐一》）

例2：右纵横十二家，百七篇。（《汉书·艺文志》）

以上两例中的“千”“百”“十”之前，均省略了数词“一”。

5. 用两数相乘表示实数

例1：女乐二八。（《左传·襄公十一年》）

例2：堂修二七。（《周礼·考工记·匠人》）

例3：三五二八时，千里与君同。（鲍照《玩月城西门廨中》）

例1“二八”杜注“十六人”；例2郑注“令堂修十四步”；例3“三五”即“十五”，“二八”即“十六”。

（二）序数及其表述

表示次序先后的数词是序数词。古汉语中，表示序数主要用以下方法：

1. 在数词前加“第”字

例1：平阳侯曹参身被七十创，攻城略地，功最多，宜第一。（《史记·萧相国世家》）

例2：云有第三郎，窈窕世无双。（《乐府诗集·焦仲卿妻》）

例3：此印者才毕，则第二板已具。（《梦溪笔谈·活板》）

这种序数的表示方法，与现代汉语完全相同。

2. 直接用数词表示

例1：十年春，齐师伐我。（《左传·庄公十年》）

例2：故诗有六义焉：一曰风，二曰赋，三曰比，四曰兴，五曰雅，六曰颂。（《诗经·大序》）

例3：赵惠文王十六年，廉颇为赵将伐齐，大破之。（《史记·廉颇蔺相如列传》）

例1“十年春”是指鲁庄公第十年的春天，例3“十六年”是指赵惠文王在位的第十六个年头。在古籍中记述年月日都不加“第”字，这种用法起源很早，始见于甲骨文，至今仍在沿用；例2中的“一”“二”“三”“四”“五”“六”直接表示序数。

3. 用甲、乙、丙、丁、太上、次之、其次、次等词表示。这些词仅仅有序数的作用，但不是数词

例1：太上有立德，其次有立功，其次有立言。（《左传·襄公二十四年》）

例2：王当歃血定从，次者吾君，次者遂。（《史记·平原君虞卿列传》）

例3：奋长子建，次子甲，次子乙，次子庆，皆以驯行孝谨，官至二千石。（《史记·万石张敬列传》）

例1“太上”是“最上”之意，此处用“太上”表示“第一”，“其次”表示“第二”、“第三”；例2从上下文意看，实行合纵歃血立盟，按顺序楚王为第一，平原君第二，毛遂第三，用“次者”表示；例3用“长”表示“第一”，“次”表示“第二”、“第三”、“第四”。

（三）分数及其表述

表示分子占分母份数的词是分数。这与数学意义的分数相同，如“五分之一”“参之一”“十二三”等。

1. 母数与子数之间有“分”字和“之”字

例1：冬至，日在斗二十一度四分度之一。（《汉书·律历志》）

例2：法一月之日，二十九日八十一分日之四十三。（《汉书·律历志》）

以上二例为古汉语中记述分数最完备的格式。“二十一度四分度之一”，“二十九日八十一分日之四十三”，母数与子数之间有“分”“之”二字，并分别有名词“度”“日”。表示分数还有省略名词的。例如：

例3：故关中之地，于天下三分之一。（《史记·货殖列传》）

例4：若复数年，则损三分之二也，当何以图敌？（《三国志·蜀书·诸葛亮传》）

以上二例表示分数的形式在古汉语中亦属常见，但不够完备，分子、分母

之间省略了名词。这种用法是现代汉语中的习惯用法。

2. 母数与子数之间无“分”字或“之”字

例 1：先王之制，大都不过参国之一，中五之一，小九之一。（《左传·隐公元年》）

例 2：今行父虽未获一吉人，去一凶矣，于舜之功，二十之一也。（《左传·文公十八年》）

例 3：子一分，丑三分二，寅九分八，卯二十七分十六。（《史记·天官书》）

例 1 中“参国之一”“五之一”“九之一”都省略了“分”字；例 2 也省略了“分”字，“二十之一”即“二十分之一”；例 3 中“三分二”“九分八”“二十七分十六”都省略了“之”字。

3. 母数与子数之间无“分”字和“之”字

例 1：会天寒，士卒堕指者十二三。（《史记·高祖本纪》）

例 2：藉弟令毋斩，而戍死者固十六七。（《史记·陈涉世家》）

例 3：余不佞，独持迂论，以为能相通者什九，不者什一。（徐光启《甘薯疏序》）

例 1 中“十二三”即“十分之二三”；例 2 中“十六七”即“十分之六七”；例 3 中“什九”即“十分之九”，“什一”即“十分之一”。

这种用法在古汉语中比较常见，但也容易引起误解。因为母数与子数之间无“分”无“之”，这种形式既可指分数，也可指整数加零数。如“发民凿十二渠”，“十二”不是指十分之二，而是指基数十二。辨别这两种用法，只能依据上下文意来仔细分析。[①]

（四）约数及其表述

表示不定数的是约数，或称不定数、概数。有大概、约略的意思。如“许”“所”“数”“几”“余”等。

---

① 杨俭．古汉语假设连词辨析 [J]. 飞天，2011，（22）：118-119.

1. 用整数表示约数

例 1：孔子卒后至于今五百年。（《史记·孔子世家》）

例 2：成都有桑八百株。（《三国志·蜀书·诸葛亮传》）

例 3：欲穷千里目，更上一层楼。（王之涣《登鹳雀楼》）

例 1 中“五百年”是就其整数而言，因为孔子死后至司马迁时，尚不足五百年；例 2 中“八百”亦同；例 3 中“千”表示极远，不是实指千里。

2. 用两个临近的基数表示约数

例 1：冠者五六人，童子六七人。（《论语·先进》）

例 2：二三子何患乎无君？（《孟子·梁惠王下》）

例 3：未几，敌兵果舁炮至，盖五六百人也。（《清稗类钞·冯婉贞胜英人于谢庄》）

例 1 中的“五六”“六七”，例 3 中的“五六百”，都表示在这两个临近数目的范围之内；例 2 中的“二三”表示较少的数目。

3. 用“许”“所”“数”“余”“疆”“若干”等表示约数

例 1：堂高数仞，榱题数尺，我得志，弗为也。（《孟子·尽心下》）

例 2：其巫，老女子也，年已七十，从弟子女十人所。（《史记·滑稽列传》）

例 3：割地定制，令齐赵楚各为若干国。（《贾谊·治安策》）

例 4：军马死者十余万匹。（《汉书·食货志》）

例 5：策勋十二转，赏赐百千强。（《乐府诗集·木兰诗》）

例 6：鲂率吏士七十许人，力战连日。（《后汉书·冯鲂传》）

例 1、例 3 中的“数”“若干”分别用在量词、名词前，例 2 中的“所”用在名词后，表示约数。例 4、例 5、例 6 中的“余”“强”“许”均与数词连用，表示约数。

（五）倍数及其表述

照原数增加的数是倍数。倍数一般用基数词表示，有时也用特定的名称“倍”表示。

例 1：利不百，不变法；功不十，不易器。（《商君书·更法》）

例 2：如贾三倍，君子是识。（《诗经 · 大雅 · 瞻卬》）

例 1 中的“百”即“百倍”，“十”即“十倍”；例 2 中的“三”后加特定的表示倍数的词“倍”，表示三倍。

（六）虚数及其表述

表示多数或夸张的数是虚数。古汉语中多用具体的数字表示虚数。如“三”“五”“九”“十二”“三十六”“七十”“十”“百”“千”等。

1. 用“三”“五”“九”表示虚数

例 1：一日不见，如三秋兮！（《诗经 · 王风 · 采葛》）

例 2：公输盘九设攻城之机变，而子墨子九距之。（《墨子 · 公输》）

例 3：亦余心之所善兮，虽九死其犹未悔。（《楚辞 · 离骚》）

例 4：复三令五申而鼓之左，妇人复大笑。（《史记 · 孙子吴起列传》）

上述各例中的“三”“五”“九”均非实指之数，而是虚指之数。

2. 用“十二”“三十六”“七十二”等表示虚数

例 1：军书十二卷，卷卷有爷名。（《乐府诗集 · 木兰诗》

例 2：同行十二年，不知木兰是女郎。（《乐府诗集 · 木兰诗》）

例 3：汝父子唯应急走耳，檀公三十六策，走是上计。（《南齐书 · 王敬则传》）

例 4：鸳鸯七十二，罗列自成行。（《乐府诗集 · 相逢狭路间》）

例 1、例 2 中的“十二”不是实指十二卷、十二个年头，而是说很多卷、很长时间；例 3 中的“三十六策”，是说很多计策，一切计策；例 4 中的“七十二”亦言其多。

3. 用“百”“千”“万”等表示虚数

例 1：是故百战百胜，非善之善者也。（《孙子 · 谋攻篇》）

例 2：此百世之怨，而赵之所羞，而王弗知恶焉。（《史记 · 平原君虞卿列传》）

例 3：齐田氏祖于庭，食客千人。（《列子 · 说符》）

例4：剑，一人敌，不足学，学万人敌。（《史记·项羽本纪》）

在古汉语中像上述各例单用“百”“千”“万”的，大都表示虚指之数，而且很多沿用至今，如“百战百胜”“百家争鸣”“千篇一律”“万紫千红”等等。

二、数词的用法

数词的主要用法是修饰名词、动词，在句中作定语、状语，有时也可作主语、宾语、谓语和补语。

（一）数词用作定语

这是数词的主要用法。作定语的数词一般置于名词后，也可直接置于名词前。

例1：郑商人弦高将市于周，遇之。以乘韦先牛十二犒师。（《左传·僖公三十三年》）

例2：吏二缚一人诣王。（《晏子春秋·内篇·杂下》）

例3：齐宣王使人吹竽，必三百人。（《韩非子·内储说上》）

例4：秦王以十五城请易寡人之璧，可予不？（《史记·廉颇蔺相如列传》）

例1数词“十二”用在名词“牛”后，作定语；例2数词“二”用在名词“吏”后，数词“一”用在名词“人”前，均作定语；例3数词“三百”用在名词“人”前；例4数词“十五”用在名词“城”前，均作定语。

先秦时期数词作定语，一般直接修饰名词，不用量词。所以在译成现代汉语时，需要加上量词。

（二）数词用作状语

例1：齐人三鼓。（《左传·庄公十年》）

例2：凡六出奇计。（《史记·陈丞相世家》）

例3：三顾臣于草庐之中。（《三国志·蜀书·诸葛亮传》）

例1数词“三”修饰动词“鼓”，“三鼓”即“三次擂鼓”；例2数词“六”修饰动词“出”，“六出”即“出了六次”；例3数词“三”修饰动词“顾”，“三顾”即“三次访问”。

先秦、两汉时期因动量词还未产生或数量极少，所以数词修饰动词一般直接置于动词前，作状语。而现代汉语中数词修饰动词时一般同动量词相结合，置于动词后，作补语。

（三）数词用作主语和宾语

数词作主语、宾语，往往是承接上文先行的名词，省掉了这个数词后的名词。

例 1：命夸蛾氏二子负二山，一厝朔东，一厝雍南。（《列子·汤问》）

例 2：海内之地方千里者九，齐集有其一。以一服八，何以异于邹敌楚哉？（《孟子·梁惠王上》）

例 1 中的数词“一”即“一座山”，承前省略了名词“山”，作主语；例 2 中的数词“一”“八”即“一方千里”“八方千里”，“一”分别作动词“有”和介词“以”的宾语，“八”作动词“服”的宾语。

（四）数词用作谓语

例 1：萧何功第一，曹参次之。（《史记·高祖功臣年表》）

例 2：范增数目项王，举所佩玉玦以示之者三，项王默默不应。（《史记·项羽本纪》）

例 3：魏有隐士曰侯嬴，年七十，家贫。（《史记·魏公子列传》）

例 4：会天寒，士卒堕指者什二三。（《史记·高祖本纪》）

例 1 序数词“第一”、例 2 基数词“三”、例 3 基数词“七十”、例 4 分数“什二三”，都在句中作谓语。

（五）数词用作补语

例 1：夫身中大创十余，适有万金良药，故得无死。（《史记·魏其武安侯列传》）

例 2：若复数年，则损三分之二也，当何以图敌？（《三国志·蜀书·诸葛亮传》）

例 1 约数“十余”作补语，补充说明伤的处数；例 2 分数“三分之二”作补语，补充说明损失的数目。

第四节　古汉语中代词及其语法研究

代替人、事物、动作行为、性状、数量等的词叫作代词。古汉语的代词同现代汉语一样，分为人称代词、指示代词和疑问代词三类。它们的共同特点是一般不受任何词类的修饰。可以作句子的主语、宾语、定语，有时可作谓语、状语。①

一、人称代词

代替人或事物名称的代词叫人称代词。如“吾”“我”“予”“汝”“尔”“若”“之”“其”“彼”“夫”等。人称代词又可分为第一人称代词（自称）、第二人称代词（对称）、第三人称代词（他称）。汉语从甲骨文时期就开始使用人称代词，不过那时的人称代词体系还不完备，只有第一、第二人称代词，而第三人称代词尚未正式出现，只是以指示代词“之”兼代。西周以后，人称代词有了很大发展，除第一、第二人称代词在数量和使用频数上有较大增长之外，第三人称代词也扩大为“之”“其”“彼”“厥”等。两汉、魏晋以后，人称代词的使用出现规范的趋势。第一人称代词主要用“吾”“我”，而又以“我”为常。第二人称代词逐渐集中在“汝”和“尔”两字上；唐以后又使用“你”，“你”成为第二人称最具优势的形式。第三人称代词从六朝起在口语中出现了新的形式，而“他”也从旁指代词转化为第三人称代词。至此，“我”“你”“他”三词已全部产生，其使用最具生命力，因而最终成为指代三种人称的规范用词。

（一）第一人称代词

1. 称呼自己的代词叫第一人称代词。常用的有“我”“吾”“余”“予”等。可以作句子的主语、宾语（包括介词宾语）和定语，有时也可作谓语。例如：

① 何静，宋天宝，彭炜明，等．基于“词—词性”匹配模式获取的古汉语树库快速构建方法 [J]. 中文信息学报，2017，31（4）：114-121.

例 1：我之弗辟，我无以告我先王。（《尚书 · 金縢》）

例 2：尔不许我，我乃屏璧与珪。（《尚书 · 金縢》）

例 3：吾日三省吾身。（《论语 · 学而》）

例 4：丘虽不吾誉，吾独不自知邪？（《庄子 · 盗跖》）

例 5：余将老。（《左传 · 宣公十七年》）

例 6：而杀余何益？（《左传 · 昭公十三年》）

例 7：予岂好辩哉？予不得已也。（《孟子 · 滕文公上》）

例 8：予三宿而出昼，於予心犹以为速。（《孟子 · 公孙丑下》）

例 9：子非我，安知我不知鱼之乐？（《庄子 · 秋水》）

例 1、例 2 中的“我”从甲骨文起就成为使用频率最高、指代功能最强的第一人称代词，可作句子的主语、宾语和定语。

例 3、例 4 中的“吾”是春秋战国时期普遍使用的第一人称代词，主要用作句子的主语和定语，在一定条件下，也可以作宾语。

例 5、例 6 中的“余”在甲骨文中就开始使用，主要作句子的主语、宾语；至周代，又可用作定语。

例 7、例 8 中的“予”与“余”音义相同，用法也一致，可作句子的主语、宾语和定语。上古文献中对“余”和“予”的使用有明显的特点：甲骨、金文中用“余”不用“予”，《尚书》中用“予”不用“余”，《论语》中也用“予”不用“余”，而《左传》中却大量用“余”，“予”则极少见。这种现象可能是因为不同学派、不同作者有不同的师承关系。

例 9 中的“我”作句子的谓语。

2. 当“吾”与“我”并用一句时，常常是“吾”字作主语，“我”字作宾语；或者“我”作主语，“吾”作定语。例如：

例 1：吾知子之所以距我，吾不言。（《墨子 · 公输》）

例 2：今者吾丧我。（《庄子 · 齐物论》）

例 3：我善养吾浩然之气。（《孟子 · 公孙丑上》）

例 1、例 2 中“吾”作主语，“我”作宾语；例 3 中“我”作主语，“吾”作定语。

3.“吾”主要用作句子的主语和定语，在一定条件下，也可作宾语。例如：

例 1：夫子尝与吾言于楚，必是故也。（《左传・成公十六年》）

例 2：故辟门除涂，以迎吾入。（《荀子・议兵》）

例 1 中的“吾”作介词“与”的宾语；例 2 中的“吾”用在兼语句中，既作动词“迎”的宾语，又作动词“入”的主语。

4. 在先秦古书中，第一人称代词还有“朕”“台”“卬”等。例如：

例 1：朕复子明辟。（《尚书・洛诰》）

例 2：往哉惟休，无替朕命。（《尚书・微子之命》）

例 3：非台小子敢行称乱。（《尚书・汤誓》）

例 4：予恐来世以台为口实。（《尚书・仲虺之诰》

例 5：人涉卬否，卬须我友。（《诗经・邶风・匏有苦叶》）

例 1、例 2 中的“朕”在甲骨卜辞中就开始使用，绝大部分在句中作定语。《尚书》中“朕”出现八十一次，亦大多用于定语，用作主语、宾语者较少。《诗经》中用“朕”四次，主语一次，宾语三次。《论语》中用“朕”两次，均为定语。“朕”在先秦时用作一般人的自称，秦始皇统一天下后，才成为皇帝专用的自称；例 3、例 4 中的“台”主要见于《尚书》，以作定语为主，个别的可充当宾语；例 5 中的“卬”主要用于《诗经》，在句中充当主语。这几个人称代词后代都不再使用了。

5.“之”和“其”在一定的语言环境中，也可用作第一人称代词。例如：

例 1：予所否者，天厌之！天厌之！（《论语・雍也》）

例 2：君将哀而生之乎？（柳宗元《捕蛇者说》

例 3：今也父兄百官不我足也，恐其不能尽于大事，子为我问孟子！(《孟子・滕文公上》）

例 4：孙子曰：“王徒好其言，不能用其实。”（《史记・孙子吴起列传》）

例 1、例 2 中的“之”分别作动词“厌”和“生”的宾语；例 3 中的“其”作充当宾语的主谓词组的主语；例 4 中的“其”分别作名词“言”和“实”的定语。

6. 在古汉语中，有一种称呼自身的代词，也叫反身代词，如“己”“自”等。

这些词可归入第一人称代词。

第一，“己”主要用作宾语，有时也用作主语、定语。例如：

例 1：虎不知兽畏己而走也，以为畏狐也。（《战国策·楚一》）

例 2：祸福无不自己求之者。（《孟子·公孙丑上》）

例 3：夫仁者，己欲立而立人，己欲达而达人。（《论语·雍也》）

例 4：尧以不得舜为己忧，舜以不得禹、皋陶为己忧。（《孟子·滕文公上》）

例 1 中的“己”作动词“畏”的宾语；例 2 中的“己”作介词“自”的宾语；例 3 中的两个“己”充当句子的主语；例 4 中的“己”作名词“忧”的定语。

第二，“自”一般用作主语、宾语。作宾语时要置于动词或介词之前。例如：

例 1：宁信度，无自信也。（《韩非子·外储说左上》）

例 2：天下事大定矣，君王自为之！（《史记·项羽本纪》）

例 3：遣人立六国后，自为树党，为秦益敌也。（《史记·张耳陈馀列传》）

例 1 中的“自”作动词“信”的前置宾语；例 2 中的“自”复指“君王”，作句子的主语；例 3 中的“自”作介词“为”的前置宾语。

（二）第二人称代词

1. 称呼对方的代词叫作第二人称代词。常用的有“女”“汝”“尔”“若”“乃”“而”等。一般可作句子的主语、宾语、定语。例如：

例 1：女为君子儒！无为小人儒！（《论语·雍也》）

例 2：三岁贯女，莫我肯顾。（《诗经·魏风·硕鼠》）

例 3：汝作司徒。（《尚书·舜典》）

例 4：有言逆于汝心，必求诸道。（《尚书·太甲下》）

例 5：各守尔典，以承天休。（《尚书·汤诰》）

例 6：我无尔诈，尔无我虞。（《左传·宣公十五年》）

例 7：吾翁即若翁。（《史记·项羽本纪》）

例 8：若毒之乎？（柳宗元《捕蛇者说》）

例 1、例 2 中的“女”在甲骨、金文中就开始使用，主要用作主语、宾语，其后，个别的亦可用作定语；例 3、例 4 中的“汝”在句中可用作主语、宾语和定语；例5、例6中的“尔”在上古时期主语、宾语、定语均可充当；例7、例8中的“若”用作人称代词时间较晚，大约在战国以后，可作句子的主语、宾语和定语。

2. 第二人称代词“乃”最早出现于甲骨文中，一般只用作定语。这一语法现象一直延续到春秋战国时期。两汉以后，偶然也用作主语。例如：

例1：备乃弓矢，锻乃戈矛，砺乃锋刃，无敢不善！（《尚书·费誓》）

例2：余嘉乃勋。（《左传·僖公十二年》）

例3：必欲烹乃翁，幸分我一杯羹。（《史记·项羽本纪》）

例4：今欲发之，乃肯从我乎？（《汉书·翟方进传》）

例1、例2、例3中的“乃”在句中均充当定语。例4中的“乃”作句子的主语。

3. 第二人称代词“而”盛行于春秋时期。一般可作句子的主语、定语。例如：

例1：嗟尔朋友，予岂不知而作？（《诗经·大雅·桑柔》）

例2：夫差，而忘越王之杀而父乎？（《左传·定公十四年》）

例3：欲利而身，先利而君；欲富而家，先富而国。（《韩非子·外储说右下》）

例1、例3中的“而”在句中充当定语；例2中的“而”分别作句子的主语和定语。

4. 第二人称代词还有一个“戎”字，很少见，主要用在《诗经》中。例如：

例1：戎虽小子，而式弘大。（《诗经·大雅，民劳》）

例2：缵戎祖考，王躬是保。（《诗经·大雅·烝民》）

例1中的“戎”作句子的主语；例2中的“戎”作名词“祖考”的定语。

5.“之”“其”在一定的语言环境中，也可用作第二人称代词。例如：

例1：君亟定变法之虑，殆无顾天下之议之也。（《商君书·更法》）

例2：臣，范阳百姓蒯通也。窃闵公之将死，故吊之。（《汉书·蒯通传》）

例3：今子爱谗以自危也，甚矣其惑也！（《左传·昭公二十七年》）

例4：老臣以媪为长安君计短也，故以为其爱不若燕后。（《战国策·赵策》）

例1、例2中的“之”在句中分别作动词“议”和“吊”的宾语，代第二人称；例3中的“其”作句子的主语；例4中的“其”在充当动词“以为”宾语的主谓词组中作主语，代第二人称。

6. 到了隋唐时期，第二人称代词“你”的使用就已盛行。例如：

例1：你能作几年可汗？（《周书·异域传下》）

例2：我好欲放你，敢如此不逊！（《隋书·许善心传》）

（三）第三人称代词

1. 称呼自己和对方以外的人或事物的代词叫作第三人称代词。常见的有“其”“之”“彼”“夫”等。它们可作句子的主语、宾语和定语。例如：

例1：其乡人曰：“肉食者谋之，又何间焉。”（《左传·庄公十公》）

例2：发鸠之山，其上多柘木，有鸟焉，其状如乌。（《山海经·北山经》）

例3：当是时也，商君佐之。（《新书·过秦上》）

例4：驴不胜怒，蹄之。（柳宗元《三戒·黔之驴》）

例5：彼，丈夫也，我，丈夫也，吾何畏彼哉？（《孟子·滕文公上》）

例6：夫不恶女乎？（《左传·襄公二十六年》

例1、例2中的“其”分别作名词“乡人”“上”和“状”的定语；例3、例4中的“之”分别充当动词“佐”“蹄”的宾语；例5中的前一个“彼”作句子的主语，后一个“彼”作动词“畏”的宾语；例6中的“夫”作句子的主语。

2. “其”“之”“彼”“夫”虽然都是常用的第三人称代词，但在使用上还是有所不同的。

第一，“其”主要用作定语，如上所举。但有时还可充当其他成分。例如：

例1：其有功于子，可食而食之矣。（《孟子·滕文公下》）

例2：其行已也恭，其事上也敬，其养民也惠，其使民也义。（《论语·公冶长》）

例3：孟尝君使人给其食用，无使乏。（《战国策·齐四》）

例4：汉使兵距之巩，令其不得西。（《史记·项羽本纪》）

例5：齐、晋、秦、楚其在成周微甚。（《史记·十二诸侯年表》）

例 1 中的“其”充当分句的主语；例 2 中的“其”作充当主语的主谓结构的主语；例 3 中的“其”作动词“给”的间接宾语；例 4 中的“其”在兼语句中作宾语；例 5 中的“其”作复指的主语。

第二，“之”除了在句中主要用作宾语外，有时也可作其他成分。例如：

例 1：虽曰未学，吾必谓之学矣。（《论语·学而》）

例 2：助之长者，揠苗者也。（《孟子·公孙丑上》）

例 3：项王乃疑范增与汉有私，稍夺之权。（《史记·项羽本纪》

例 4：于是吕太后欲废陵，乃阳迁陵为帝太傅，实夺之相权。（《汉书·王陵传》）

例 1 中的“之”作充当宾语的主谓结构的主语。例 2 中的“之”在兼语句中作宾语。例 3、例 4 中的“之”分别作名词“权”“相权”的定语。

第三，“彼”除了可以作主语、宾语外，还可作定语；“夫”只可作主语和宾语。例如：

例 1：岂得暴彼民哉？（《孟子·万章上》）

例 2：使夫往而学焉，夫亦愈知治矣。（《左传·襄公三十一年》）

例 1 中的“彼”作名词“民”的定语；例 2 中前一个“夫”作兼语句中的宾语，后一个“夫”作分句的主语。

3. 第三人称代词还有“他”“它”“渠”“伊”等。这几个代词是后起的，大约在汉魏以后才逐渐开始使用，而且多用在一些口语性较强、比较通俗的诗文中。例如：

例 1：虽与府吏要，渠会永无缘。（《乐府诗集·焦仲卿妻》）

例 2：还它马，赦汝死罪。（《后汉书·方术列传下》）

例 3：女婿昨来，必为渠所窃。（《三国志·吴书·赵达传》）

例 4：他自姓刁，那得韩卢后邪？（《晋书·张天锡传》）

例 5：伊必能克蜀。（《世说新语·识鉴》）

例 1 中的“渠”作动词“会”的前置宾语；例 2 中的“它”作动词“还”的间接宾语；例 3 中的“渠”充当作宾语的主谓结构的主语；例 4 中的“他”作句子的主语；例 5 中的“伊”作句子的主语。

4. 第三人称代词“厥”不常用，在句中主要作定语。例如：

例 1：无有远迩，用罪伐厥死，用德彰厥善。（《尚书·盘庚上》）

例 2：故兴师遣将，以征厥罪。（《史记·卫将军骠骑列传》）

例 1、例 2 中的“厥”分别作名词“死”“善”和“罪”的定语。

（四）人称代词的复数

1. 现代汉语中，人称代词的单、复数形式不同，表示复数要在单称之后加“们”字，如“我们”“你们”“他们”。而古汉语的人称代词没有单、复数的区别，不论单数、复数都用同一种形式表达。例如：

例 1：古我先王暨乃祖乃父，胥及逸勤。（《尚书·盘庚上》）

例 2：彼竭我盈，故克之。（《左传·庄公十年》）

例 3：颜渊季路侍。子曰：“盍各言尔志？”（《论语·公冶长》）

例 4：去若不善行，学乡长之善行。（《墨子·尚同上》）

例 5：聚室而谋曰：“吾与汝毕力平险，指通豫南，达于汉阴，可乎？”（《列子·汤问》）

例 6：郯子之徒，其贤不及孔子。（韩愈《师说》）

2. 代词是代替人、事物等的词，它所代替的词一般都先行出现，而根据这些先行出现的词，就可以判断出人称代词所表示的是单数还是复数。如例 3 中先行出现的“颜渊季路”；例 5 中先行出现的“室”，例 6 中先行出现的“郯子之徒”等，它们都是复数，由此可见，其后的人称代词“尔”“汝”“其”也都是表示复数的了。

3. 此外，可在人称代词后面加“侪”“属”“曹”“辈”“等”“每”等表示复数。例如：

例 1：吾侪何知焉，吾子其早图之。（《左传·昭公二十四年》

例 2：夺项王天下者，必沛公也，吾属今为之虏矣。（《史记·项羽本纪》）

例 3：如彼等者，无足与计天下事。（《史记·黥布列传》）

例 4：上以若曹无益于县官，今欲尽杀若曹。（《汉书·东方朔传》）

例 5：情之所钟，正在我辈。（《晋书·王衍传》）

例 6：你每众秀才听着。（《琵琶记·文场选士》）

“侪”“属”“曹”等用在人称代词后虽然可以表示复数，但它们同现代的“们”还是不同的。从词性上讲，“侪”等并不像“们”一样是一个单纯的词尾，它们本身就有“等”“类”的意思。如《史记·孙子吴起列传》中的“马有上、中、下辈”（马有上、中、下三等）。从意义上讲，“侪”“辈”等有“这些人”“这类人”的意思，这从对以上例句的翻译中就可以看出。所以，“吾侪”“若曹”同“我们”“你们”不但在词的结构上不同，意思上也略有差异。另外，“侪”“曹”“辈”等主要用在第一、第二人称代词之后，第三人称代词后基本不用。“每”出现得比较晚，是宋元时的口语。

（五）谦称和尊称

古人为了表示礼貌或客气，对人往往用尊敬的称呼，对己则用谦逊的称呼，这就是谦称和尊称。古汉语中常用谦称来代替第一人称代词，用尊称来代替第二人称代词。应当指出，谦称和尊称都是名词，不是代词，所以它们不受代词规律的限制。但是从意思上说，它们实际上却代替了“我”和“你”。

古汉语表示尊称和谦称的方式大致有以下四种：

1. 称人以字表示尊敬，自称以名表示谦逊。例如：

例 1：已矣，令子卿知吾心耳。（《汉书·李陵苏武传》）

例 2：如君实责我以在位久，未能助上大有为，以膏泽斯民，则某知罪矣。（王安石《答司马谏议书》）

例 3：平原君曰：“胜已泄之矣。”（《战国策·赵策》）

例 4：孔子曰：“三王善任智勇者，圣则丘不知。”（《列子·仲尼》）

2. 称人以爵位或身份，如“君”“王”“卿”“公”“夫子”“将军”等，表示尊敬；自称以爵位或身份，如“臣”“仆”“走”“妾”“婢子”等，表示谦逊。例如：

例 1：敢问夫子恶乎长？（《孟子·公孙丑上》）

例 2：君反其国而有私也，毋乃不可乎？（《礼记·檀弓下》）

例 3：公徐行即免死，疾行则及祸。（《史记·项羽本纪》）

例 4：诸葛亮者，卧龙也，将军岂愿见之乎？（《三国志·蜀书·诸葛亮传》）

例 5：若晋君朝以入，则婢子夕以死。（《左传·僖公十五年》）

例 6：仆非敢如是也。（司马迁《报任安书》）

例 7：走虽不敏，庶斯达矣。（张衡《东京赋》）

例 8：妾不堪驱使，徒留无所施。（《乐府诗集·焦仲卿妻》）

3. 称人以美言，如“子”“吾子”“夫子”“先生”等，表示尊敬；称己以卑辞，如“不谷”“寡人”“孤”等，表示谦虚。例如：

例 1：多行不义，必自毙，子姑待之。（《左传·隐公元年》）

例 2：病未及死，吾子勉之！（《左传·成公二年》）

例 3：夫子何命焉为？（《墨子·公输》）

例 4：先生且休矣，吾将念之。（《史记·淮阴侯列传》）

例 5：公曰：“吾不能早用子，今急而求子，是寡人之过也。”（《左传·僖公三十年》）

例 6：齐侯曰：“岂不穀是为？先君之好是继。与不穀同好，如何？”（《左传·僖公四年》）

例 7：孤之有孔明，犹鱼之有水也。（《三国志·蜀书·诸葛亮传》）

“寡人”是“寡德之人”的意思；“不谷”是“不善”的意思；“孤”是“孤独之人”的意思。这三个表示谦称的词只限于君王自称。

4. 称人以“足下”“左右”“陛下”“阁下”“执事”等，表示尊敬。例如：

例 1：然至齐，闻足下义甚高。（《战国策·韩二》）

例 2：是仆终已不得舒愤懑以晓左右，则长逝者魂魄私恨无穷。（司马迁《报任安书》）

例 3：今陛下兴义兵，诛残贼，平定天下，海内为郡县，法令由一统，自上古以来未尝有，五帝所不及。（《史记·秦始皇本纪》）

例 4：征兵满万，不如召募数千，阁下以为如何？（韩愈《再与鄂州柳宗丞书》）

例 5：今之王公大人，惟执事可以闻此言；惟愈于执事也，可以此言进。（韩愈《上张仆射书》）

“陛下”“足下”“阁下”等词都是以不直指对方，而指他的近旁来表示尊称的。如“陛下”，“陛”本指帝王宫殿的台阶。蔡邕《独断》曰：“陛下者，陛，阶也。所由升堂也。天子必有近臣执兵陈于陛侧，以戒不虞。谓之陛下者，群臣与天子言，不敢指斥天子，故呼在陛下者而告之。因卑达尊之意也。上书亦如之。及群臣士庶相与曰殿下、阁下、执事之属，皆此类也。”久而久之，“陛下”就成为天子专用的尊称了。群臣、庶士间相互称呼的“阁下”“足下”“左右”等，也都属于这种情况。

二、指示代词

（一）近指

表示指代的人、事物、情况、性状、时间、处所等距离说话人较近。常见的有“此”“兹”“是”“斯”“尔”“若”“时”“乃”“然”“之”“其”“夫”等。可作句子的主语、谓语、宾语、定语和状语。例如：

例 1：此夫鲁国之巧伪人孔丘非邪？（《庄子·盗跖》）

例 2：同是被逼迫，君尔妾亦然。（《乐府诗集·焦仲卿妻》）

例 3：文王既没，文不在兹乎？（《论语·子罕》）

例 4：吾祖死于是，吾父死于是。（柳宗元《捕蛇者说》）

例 5：子非三闾大夫与？何故至于斯？（《楚辞·渔父》）

例 6：之二虫又何知？（《庄子·逍遥游》）

例 7：天何预乃事邪？（刘禹锡《天论上》）

例 8：王若曰：“格，汝众！”（《尚书·盘庚上》）

例 1 中的“此”作句子的主语；例 2 中的“尔”和“然”充当句子的谓语；例 3 中的“兹”作动词“在”的宾语；例 4 中的“是”和例 5 中的“斯”作介词“于”的宾语；例 6 中的“之”、例 7 中的“乃”分别作名词“虫”“事”的定语；例 8 中的“若”作动词“曰”的状语。

近指代词“此”“是”“兹”一般作主语、宾语和定语；“尔”一般作谓语、宾语和定语；“斯”主要作宾语和定语；“然”多作谓语；“之”“夫”“其”作定语。

（二）远指

表示指代的人、事物、时间、处所等距离说话人较远。常见的有“彼”“夫”“其”“厥”等，“匪”则较少见。除“彼”可作主语、宾语、定语外，其他一般只作定语。例如：

例1：彼一时也，此一时也。（《孟子·公孙丑下》

例2：故去彼取此。（《老子·三十八章》）

例3：彼君子兮，不素餐兮！（《诗经·魏风·伐檀》）

例4：播厥百谷，既庭且硕。（《诗经·小雅·大田》）

例5：匪直也人，秉心塞渊。（《诗经·鄘风·定之方中》）

例6：尔爱其羊，我爱其礼。（《论语·八佾》）

例7：予观夫巴陵胜状，在洞庭一湖。（范仲淹《岳阳楼记》）

例1中的“彼”作句子的主语；例2中的“彼”作动词“去”的宾语；例3中的“彼”作名词“君子”的定语；例4中的“厥”、例5中的“匪”，分别作名词“谷”“人”的定语；例6中的“其”、例7中的“夫”，分别作名词“羊”“礼”“胜状”的定语。远指代词“匪”，多见于《诗经》。

（三）旁指

表示指代的人、事物等是范围以外的。常见的有“它”“他”“异”“别”等。除“别”只作定语外，其他各词可作宾语和定语。例如：

例1：之死矢靡它。（《诗经·邶风·柏舟》）

例2：他山之石，可以攻玉。（《诗经·小雅·鹤鸣》）

例3：他人不知，已独知之。（《墨子·非儒下》）

例4：吾以子为异之问，曾由与求之问。（《论语·先进》）

例5：适来无别事。（《搜神后记》）

例1中的“它”作动词“靡”的宾语；例2、例3中的“它”“他”分别作名词“山”“人”的定语；例4中的“异”作动词“问”的前置宾语；例5中的“别”作名词“事”的定语。

（四）虚指

表示指代的人、事物、时间、处所等是说话人不愿说出、不必说出或不能说出的。常见的有“某”“或”“何”等。“某”可指代人、事、时、地，作主语、宾语、定语；“或”与“何”只可代人，前者作主语，后者作定语。例如：

例 1：子告之曰：“某在斯，某在斯。”（《论语·卫灵公》）

例 2：张仪知楚绝齐也，乃出见使者曰：“从某至某广从六里。”（《战国策·秦策二》）

例 3：某时某丧，使公主某事，不能办，以故不任公。（《汉书·项籍传》）

例 4：臣夜人定后，为何人所贼伤，中臣要害。（《后汉书·来歙列传》）

例 5：或谓郑相曰：“子嗜鱼，何故不受？”（《新序·节士》）

例 1 中的“某”作句子的主语；例 2 中的第一个“某”作介词“从”的宾语，第二个“某”作动词“至”的宾语；例 3 中的第一、第三个“某”分别作名词“时”“事”的定语；第二个“某”充当句子的主语；例 4 中的“何”作名词“人”的定语；例 5 中的“或”作句子的主语。

（五）分指

分指表示指代的人、事物、时间等是某个整体的一部分。一般都是连用两个或两个以上相同的代词。常见的有“或”和“有”。一般作主语，“或”有时也可作状语。例如：

例 1：晋人或以广队不能进。（《左传·宣公十二年》）

例 2：人之学也，或失则多，或失则寡，或失则易，或失则止。（《礼记·学记》）

例 3：回视日观以西峰，或得日或否。（姚鼐《登泰山记》）

例 4：仆常痛诗道崩坏，忽忽愤发，或食辍哺，夜辍寝。（白居易《与元九书》）

例 5：吾闻一男不耕，有受其饥；一女不桑，有受其寒。（《吴越春秋·越王无余外传》）

例 1、例 2、例 3 中的“或”都充当句子的主语；例 4 中的“或”作动词“食”

的状语；例 5 中的“有”作句子的主语。

（六）无指

无指表示排除所指代的人、事物、时间、处所等，即“没有人”“没有什么”的意思。常见的有“靡”“无”“莫”“罔”“毋”等。一般作主语，“靡”“无”还可作定语。例如：

例 1：溥天之下，莫非王土。（《诗经·小雅·北山》）

例 2：二十有六年，初并天下，罔不宾服。（《史记·秦始皇本纪》）

例 3：四海之内，靡不受获。（《史记·司马相如列传》）

例 4：上察宗室诸窦，毋如窦婴贤，乃召婴。（《史记·魏其武安侯列传》）

例 5：有怀于卫，靡日不思。（《诗经·邶风·泉水》）

例 6：日与其徒上高山，入深林，穷迴溪，幽泉怪石，无远不到。（柳宗元《始得西山宴游记》）

例 1 中的“莫”、例 2 中的“罔”、例 3 中的“靡”、例 4 中的“毋”分别作各句的主语。例 5 中的“靡”、例 6 中的“无”作名词“远”的定语。

应当注意的是，无指代词在使用时经常同否定副词“不”“非”等连用或呼应，表示肯定。尤其是“靡”“罔”，必须同否定副词连用或呼应，如上所举例句。“靡”“莫”“无”可代人、事物，有时也可代时间和处所；“罔”“毋”则只可代人。

（七）逐指

逐指表示指代的人、事物包罗某个范围的每一个个体。常见的有“每”“是”“舍”“夫”“诸”等。“舍”可作主语，其余的词只可作定语。例如：

例 1：子入太庙，每事问。（《论语·八佾》）

例 2：夫人愁痛，不知所庇。（《左传·襄公八年》）

例 3：诸大夫皆曰贤，未可也。（《孟子·梁惠王下》）

例 4：且许子何不为陶冶，舍皆取诸其宫中而用之？（《孟子·滕文公上》）

例 5：古风无手敌，新语是人知。（姚合《赠张籍太祝》）

例1中的“每”、例2中的“夫”、例3中的“诸”分别作名词“事”“人”“大夫”的定语；例4中的“舍”充当句子的主语；例5中的“是”作名词“人”的定语。逐指代词“每”可指代人、物，“舍”可指代物，其余的只可指代人。

（八）特殊指示代词“者”

1. 同动词、形容词及其词组相结合，组成名词性词组。指代人、事物。作主语、谓语、宾语、定语。可译为“……的（人、事、物）”。

例1：往者不可谏，来者犹可追。（《论语·微子》）

例2：于是葬死者，问伤者，养生者。（《国语·越语上》）

例3：峣峣者易缺，皎皎者易污。（《后汉书·黄琼传》）

例4：黄冈之地多竹，大者如椽。（王禹偁《黄州新建小竹楼记》）

例5：《齐谐》者，志怪者也。（《庄子·逍遥游》）

例6：不为者与不能者之形何以异？（《孟子·梁惠王上》）

例7：臣闻地广者粟多，国大者人众。（李斯《谏逐客书》）

例1中的“者”用在动词“往”“来”之后，同它们组成名词性词组，在句中作主语；例2中的“者”分别同动词“死”“伤”“生”结合，组成名词性词组，作句子的宾语；例3、例4中的“者”分别用在形容词“峣峣”“皎皎”“大”的后面，同它们组成名词性词组，作句子的主语；例5中的“者”同动宾词组“志怪”结合，组成名词性词组，作句子的谓语；例6中的“者”同偏正词组“不为”和“不能”组成名词性的词组，作名词“形”的定语；例7中的“者”同主谓词组“地广”“国大”组成名词性词组，作充当宾语的主谓词组的主语。

2. 同数词相结合，组成名词性词组。作主语、宾语和定语。可译为“……（事）”。

例1：必不得已而去，于斯三者何先？（《论语·颜渊》）

例2：二者用精至矣！（《论衡·订鬼》）

例3：嗟夫！予尝求古仁人之心，或异二者之为，何哉？（范仲淹《岳阳楼记》）

例1、例2、例3中的“者”分别用在数词“三”“二”之后，同它们组成名词性词组；例1中的词组作介词“于”的宾语；例2中的词组作句子的主语；例3中的词组作名词“为”的定语。

三、疑问代词

询问人、事物、情况、性状、时间、处所等的代词叫作疑问代词。如“何”“安”“焉”“曷”“孰”“奚”“胡”“阖”“盍”“恶”“谁”“畴”等。疑问代词可以作句子的主语、宾语和定语，有的还可以作谓语、状语。作宾语时，一般要置于动词或介词之前。

（一）代询问的人

询问人的疑问代词常用“孰”“谁”“何”，也可用“畴”“焉”“安”“曷”等。一般可作句子的主语、宾语，有的还可作谓语、定语。例如：

例1：帝曰：“畴若予工？”（《尚书·舜典》）

例2：孰可以代之？（《左传·襄公三年》）

例3：单伯者何？吾大夫之命乎天子者也。（《公羊传·庄公元年》）

例4：孟尝君怪之，曰：“此谁也？”（《战国策·齐策四》）

例5：寡人即不起此病，吾将焉致乎鲁国？（《公羊传·庄公三十二年》）

例6：安忠？忠王。（《孙膑兵法·篡卒》）

例7：藐藐孤女，曷依曷恃？（陶渊明《祭程氏妹文》）

例1中的“畴”、例2中的“孰”作句子的主语；例3中的“何”、例4中的“谁”作句子的谓语；例5中的“焉”、例6中的“安”、例7中的“曷”，均作动词的前置宾语。

（二）代询问的事物

询问事物的疑问代词常见的有“何”“胡”“孰”“奚”“曷”“焉”“安”“恶”“害”等。一般可以充当句子的主语、宾语和定语，“何”“奚”还可作谓语。例如：

例1：害浣害否？归宁父母。（《诗经·周南·葛覃》）

例2：礼与食孰重？（《孟子·告子下》）

例3：人之所恶何也？（《荀子·强国》）

例4：国胜君出，非祸而奚？（《说苑·善说》

例5：欲仁而得仁，又焉贪？（《论语·尧曰》）

例6：泰山其颓，则吾将安仰？（《礼记·檀弓上》）

例7：女将恶乎比予哉？（《庄子·人间世》）

例8：即不幸有方二三千里之旱，国胡以相恤？卒然边境有急，数十百万之众，国胡以馈之？（《汉书·食货志上》）

例9：此奚疾哉？（《列子·仲尼》）

例1中的“害”、例2中的“孰”作句子的主语；例3中的“何”、例4中的“奚”作句子的谓语；例5中的“焉”、例6中的“安”作动词的前置宾语；例7中的“恶”、例8中的“胡”作介词的前置宾语；例9中的“奚”在句中作定语。

（三）代询问的原因、方式或情况

待询问的原因、方式或情况疑问代词有“安”“曷”“何”“盍”“阖”“胡”“奚”“侯”“恶”“焉”等。一般都可作状语。“曷”“何”“胡”“奚”还可作介词宾语，除“胡”外又可作定语，其中“何”还可作谓语。“盍”“阖”使用时，经常同否定副词“不”连用。例如：

例1：盍不出从乎？君将有行。（《管子·戒》）

例2：阖不亦问是已？（《庄子·徐无鬼》）

例3：君安与项伯有故？（《史记·项羽本纪》）

例4：焉知是而习之？（《扬子法言·学行》）

例5：地平卒齐，合而北者，何也？（《孙膑兵法·威王问》）

例6：王问：“何以知之？”（《史记·廉颇蔺相如列传》）

例7：其险也若此，嗟尔远道之人，胡为乎来哉！（李白《蜀道难》

例8：蝗螟，农夫得而杀之，奚故？为其害稼也。（《吕氏春秋·审应览·不屈》

例1中的“盍”、例2中的“阖”、例3中的“安”、例4中的“焉”都在句中作状语；例5中的“何”作句子的谓语；例6中的“何”、例7中的“胡”作介词的前置宾语；例8中的“奚”在句中作定语。

（四）代询问的时间

询问时间的疑问代词有“曷”“何”“奚”“竭”等。“曷”可作定语、状语；

“何”“奚”只作定语；“曷”只作状语。例如：

例1：怀哉怀哉！曷月予还归哉？（《诗经·王风·扬之水》）

例2：故法术之士奚道得进，而人主奚时得悟乎？（《韩非子·孤愤》）

例3：然则何时而乐耶？（范仲淹《岳阳楼记》）

例4：君子其曷归？（《左传·昭公元年》）

例5：膠鬲曰：“曷至？”武王曰：“将以甲子至殷郊。”（《吕氏春秋·慎大览·贵因》）

例1中的“曷”、例2中的“奚”、例3中的“何”在句中作定语；例4中的“曷”、例5中的“曷”在句中作状语。

（五）代询问的处所

询问处所的疑问代词主要有“安”“奚”“恶”“何”“焉”等。在句中作宾语，其中“恶”只作介词宾语。“何”还可作定语，“焉”可作状语。例如：

例1：方此之时也，尧安在？（《韩非子·难一》）

例2：子路宿于石门，晨门曰：“奚自？”（《论语·宪问》）

例3：学恶乎始？恶乎终？（《荀子·劝学》）

例4：以君之力，曾不能损魁父之丘，如太行、王屋何！且焉置土石？（《列子·汤问》）

例5：二三子相顾而惊，不知身之在何境也。（晁补之《新城游北山记》）

例1中的“安”作动词的前置宾语；例2中的“奚”、例3中的“恶”充当介词的前置宾语；例4中的“焉”作句子的状语；例5中的“何”在句中作定语。

（六）代询问的数量

询问数量的疑问代词主要有“几”“几何”“几所”“几许”“几多”等。可以作句子的谓语、宾语和定语。例如：

例1：夫有大功而无贵仕，其人能靖者与有几？（《左传·僖公二十三年》）

例2：数问其家金余尚有几所？（《汉书·疏广传》）

例3：年几何矣？（《战国策·赵四》）

例4：河汉清且浅，相去复几许？（《古诗十九首·迢迢牵牛星》）

例 5：子来几日矣？（《孟子·离娄上》）

例 6：度今天下不吠者几人？（柳宗元《答韦中立论师道书》）

例 7：问君能有几多愁，恰似一江春水向东流。（李煜《虞美人》）

例 1 中的“几”、例 2 中的“几所”作动词的宾语；例 3 中的“几何”、例 4 中的“几许”作句子的谓语；例 5、例 6 中的“几”，例 7 中的“几多”，在句中作定语。

第三章　古汉语虚词及其语法研究

虚词一般不表示事物的实在意义，除副词外，不能单独充当句子成分；除个别副词外，不能单独回答问题。它的主要作用是帮助实词造句，完成句子结构。本章主要围绕古汉语中副词及其语法、古汉语中介词及其语法、古汉语中连词及其语法以及古汉语中助词及其语法展开论述。

第一节　古汉语中副词及其语法研究

修饰动词或形容词，表示程度、范围、情态、时间、语气等的词叫副词。副词属于虚词，但有实词的一些特点，比如能够充当句子成分，大多用在动词或形容词谓语前作状语，少数用在谓语后作补语。副词有的可以连用或重叠，有的还可以带词尾。副词除个别外，一般不能单独回答问题。

根据词汇意义，可以将副词分为八大类：程度副词、范围副词、时间副词、重复副词、否定副词、语气副词、情态副词、敬谦副词。

一、程度副词及其语法

程度副词主要用来修饰形容词和表示心理活动的动词。在句中作状语，少数置于谓语后作补语。其中又可分为以下类别：

（一）表示轻度的程度副词

轻度程度副词表示动作行为或性状的程度轻微。如“裁”“差”“略”“颇”“微”“小”“少”“稍”等。

例 1：昔庆封亡，子尾多受邑而稍致诸君，君以为忠而甚宠之。（《左传·昭公十年》）

例 2：拔旗投衡上，使不帆风，差轻。（《左传·宣公十二年（注）》）

例 3：今病小愈，趋造于朝，我不识能至否乎？（《孟子·公孙丑下》）

例 4：太后之色少解。（《战国策·赵四》）

例 5：自殷以前诸侯不可得而谱，周以来乃颇可著。（《史记·三代世表》）

例 6：莽色厉而言方，欲有所为，微见风采，党与承其指意而显奏之。（《汉书·王莽传》）

例 7：赤眉使万人攻异前部，异裁出兵以救之。（《后汉书·冯异列传》）

以上各例中表示轻度的副词，除例 2 中的“差”用在形容词谓语前外，其余均置于动词谓语前，作状语。[①]

（二）表示比较度的程度副词

比较度的程度副词表示动作行为或性状的程度同以前相比更加深了。如“更”“弥”“愈”“兹”“益”“俞”“有”“逾”“滋”“益复”“颇益”“尤益”等。

例 1：使夫往而学焉，夫亦愈知治矣。（《左传·襄公三十一年》）

例 2：故其乐逾繁者，其治逾寡。（《墨子·三辨》

例 3：君之病在肠胃，不治将益深。（《韩非子·喻老》）

例 4：舜居妫汭，内行弥谨。（《史记·五帝本纪》）

例 5：是以窦太后滋不说魏其等人。（《史记·魏其武安侯列传》）

例 6：赋敛兹重，而百姓屈竭，祸在外也。（《汉书·五行志下》）

例 1、例 5 中的程度副词置于动词谓语前，作状语；例 2、例 3、例 4、例 6

---

① 白玉林，迟铎 . 古汉语语法 [M]. 北京：中国社会科学出版社，2008.

中的程度副词置于形容词谓语前，作状语。

（三）表示高度的程度副词

高度程度副词表示动作行为或性状的程度很高，甚至达到了极点。如“极”“特”“良”“颇”“甚”“大”“笃”“绝”“奇”“深”“殊”“最”“尤”“一何”等。

例1：老臣今者殊不欲食。（《战国策·赵四》）

例2：上既闻廉颇、李牧为人，良说。（《汉书·冯唐传》）

例3：蒨之弟芬之，字文馥。长者，好施，笃爱诸弟。（《魏书·裴叔业列传》）

例4：尝夜至丞相许戏，二人欢极。（《世说新语·雅量》）

例5：许允妇是阮卫尉女，德如妹，奇丑。（《世说新语·贤媛》）

例6：常著文章自娱，颇示己志。（陶渊明《五柳先生传》）

例7：今日之琴，一何悲也！（《说苑·尊贤》）

例8：伐竹取道，下见小潭，水尤清冽。（柳宗元《小石潭记》）

例9：于是饮酒乐甚，扣舷而歌之。（苏轼《前赤壁赋》）

例1、例3、例6中的程度副词均用在动词谓语前，作状语；例2、例5、例7、例8中的程度副词均用在形容词谓语前，作状语；例4、例9中的程度副词均置于谓语后，作补语。

（四）表示过甚的程度副词

过甚程度副词表示动作行为或性状超出了某种程度。如“以”“大”“太”“泰”等。

例1：居简而行简，无乃大简乎？（《论语·雍也》）

例2：彭更问曰：“后车数十乘，从者数百人，以传食於诸侯，不以泰乎？”（《孟子·滕文公下》）

例3：简子谓左右：“车席泰美。”（《韩非子·外储说左下》）

例4：太刚则折，太柔则卷。（《淮南子·氾论训》）

以上各例中的程度副词，均用在形容词谓语前，作状语。

二、范围副词及其语法

范围副词一般用来修饰动词谓语，也有少数副词置于全句之首。在句中作状语。其中又可分为以下类型：

（一）表示专独的范围副词

专独范围副词表示人、事物、数量及动作行为仅限于某一范围，或独自发出某一动作行为。如“才”“裁”“但”“独”“仅”“特”“徒”“唯”“唯独”“惟”“维”“翅”“啻”“微”“亶”“第”“直”“只”“止”等。

例 1：终鲜兄弟，维予与女。（《诗经·郑风·扬之水》）

例 2：今数雄已灭，惟孤尚存。（《资治通鉴》汉献帝建安十三年）

例 3：盘庚之迁，胥怨者民也，非特朝廷士大夫而已。（王安石《答司马谏议书》）

以上三例均表示人仅限于某一范围。例 2 中的“惟”置于主语前。

例 4：使我解《四本》，谈不翅尔。（《世说新语·文学》）

例 5：虎因喜，计之曰：“技止此耳！”（柳宗元《三戒·黔之驴》）

例 6：唯巨石岿然挺立耳。（《梦溪笔谈·杂志一》）

以上三例表示事物或某种情况仅限于某一范围。例 4 中的“翅”一般不单独使用，常同副词“不”“奚”连用。例 6 中的“唯”置于全句之首。

例 7：安陵君受地于先王而守之，虽千里不敢易也，岂直五百里哉？（《战国策·魏策四》）

例 8：然众裁数万人。（《汉书·匈奴传下》）

例 9：长沙乃在二万五千户耳。（贾谊《治安策》）

以上三例均表示人或事物的数量仅限于某一范围。

例 10：民既专一，则勇者不得独进，怯者不得独退，此用众之法也。（《孙子·军争篇》）

例 11：吾不见人，徒见金耳。（《淮南子·氾论训》）

例 12：匈奴匿其壮士肥牛马，但见老弱及羸畜。（《史记·刘敬叔孙通列传》）

例 13：且《太玄》今竟何用乎？不啻覆酱瓿而已。（《颜氏家训·文章》）

例 14：江山之外第见风帆、沙鸟、烟云、竹树而已。（王禹偁《黄州新建小竹楼记》）

例 10 中的“独”表示单独发出某一动作行为。其余四例表示动作行为仅限于某一范围；例 13 中的“啻”一般不能单独使用，常同副词“不”“匪”“奚”等连用。

（二）表示共同的范围副词

共同范围副词表示动作行为是共同发出的。如“俱”“相”“共”“齐”“同”“偕”等。

例 1：修我甲兵，与子偕行。（《诗经·秦风·无衣》）

例 2：子曰：“可与共学，未可与适道。”（《论语·子罕》）

例 3：妸荷甘与神农同学于老龙吉。（《庄子·知北游》）

例 4：虽与之俱学，弗若之矣。（《孟子·告子上》）

例 5：酒酣以往，高渐离击筑，荆轲和而歌于市中，相乐也。（《史记·刺客列传》）

例 6：落霞与孤鹜齐飞，秋水共长天一色。（王勃《秋日登洪府滕王阁饯别序》）

以上各例中表示共同的范围副词，均用在动词谓语前，作状语。

（三）表示相互的范围副词

1. 表示动作行为交互涉及对方或递相承接。如“更”“更相”“相”“相与”“互”“交”等。

例 1：谚所谓“辅车相依，唇亡齿寒”者，其虞虢之谓也！（《左传·僖公五年》）

例 2：周、郑交恶。（《左传·隐公三年》）

例 3：列星随旋，日月递照。（《荀子·天论》）

例 4：布衣相与交，无富厚以相利。（《韩非子·五蠹》）

例 5：及其衰也，亦三百余岁，故五伯更起。（《史记·平津侯主父列传》）

例 6：母孙二人，更相为命。（李密《陈情表》）

例 7：渔歌互答，此乐何极！（范仲淹《岳阳楼记》）

以上各例中表示相互的范围副词，均用在动词谓语前，作状语。例 3 的“递”、例 5 的“更”表示递相承接，其余各例均表示交互涉及对方。

2.“相”除表示相互之外，还可表示动作行为只涉及一方，兼有代词的作用。可译为现代汉语的“我（们）”“你（们）”“他们、它（们）”等。例如：

例 8：始吾与公为刎颈交，今王与耳旦暮且死，而公拥兵数万，不肯相救。（《史记·张耳陈余列传》）

例 9：足下言何其谬也，故不相答。（《世说新语·言语》）

例 10：蔽林间窥之，稍出近之，慭慭然莫相知。（柳宗元《三戒·黔之驴》）

（四）表示统括的范围副词

统括动作行为、性状的主体或对象。有的表示主语所指的人、事物都具有或承受某一动作行为；有的表示宾语所代表的人、事物都是某一动作行为涉及的对象；有的还修饰作谓语的数量词、名词，表示对人、事物、数量做总的判断。常用的词有“备”“毕”“皆”“俱”“咸”“举”“具”“尽”“遍”“均”“悉”“凡”“率”“全”“普”“齐”“总”“一”“都”等。

例 1：惟戊午，王次于河朔，群后以师毕会。（《尚书·泰誓中》）

例 2：国老皆贺子文。（《左传·僖公二十七年》）

例 3：事成功立，上下俱富。（《荀子·富国》）

例 4：政事无巨细，咸决于亮。（《三国志·蜀书·诸葛亮传》）

例 1、例 2 中的“毕”“皆”表示主语都具有某一动作行为；例 3 中的“俱”表示主语都具有某一性状；例 4 中的“咸”表示主语都承受某一动作行为，介词“于”引出动作行为的主动者。

例 5：僖子不对而泣曰：“君举不信群臣乎！”（《左传·哀公六年》）

例 6：尽除去先帝之故臣，更置陛下之所亲信者近之。（《史记·李斯列传》）

例 7：汉王所以具知天下厄塞，户口多少，强弱之处，民所疾苦者，以何具得秦国图书也。（《史记·萧相国世家》）

例 8：以是人多以书假余，余因得遍观群书。（宋濂《送东阳马生序》）

以上四例中表示统括的副词，均表示宾语所代表的人或事物都是某一动作行为涉及的对象。

例 9：钧是人也，或为大人，或为小人，何也？（《孟子·告子上》）

例 10：故其著书十余万言，大抵率寓言也。（《史记·老子韩非列传》）

例 11：陈胜王，凡六月。（《史记·陈涉世家》）

例 12：侍中、尚书、长史、参军，此悉贞良死节之臣，愿陛下亲之信之。（《三国志·蜀书·诸葛亮传》）

例 9 中的范围副词置于判断词前；例 10、例 12 中的范围副词置于名词及其词组前；例 11 中的范围副词置于数词前，表示对人、事物、数量做总的判断。在对译为现代汉语时，副词后一般要加判断词“是”。

（五）表示大都的范围副词

大都范围副词表示主语所指的人或事物大部分具有某一动作行为。如“大”“多”“类”“率”“大都”“大氐”“大抵”“大归”“大率”等。

例 1：其治大放张汤而善候伺。（《史记·酷吏列传》）

例 2：观古今文人，多不全了此处。（范晔《狱中与诸甥侄书》）

例 3：宾客放纵，类不检节。（《后汉书·申屠刚鲍永郅恽列传》）

例 4：皆教以诚信不欺诈，有病自首其过，大都与黄巾相似。（《三国志·魏书·张鲁传》）

例 5：至于梁陈间，率不过嘲风雪弄花草而已。（白居易《与元九书》）

以上各例中的范围副词“大”“多”“类”“大都”“率”，均用在动词谓语之前，表示主语大多具有某一动作行为。

三、时间副词及其语法

表示动作行为产生、出现的时间的副词称为时间副词。这类副词主要置于动词、形容词前，有时也置于句首，作状语。其中又可分为以下类型：

（一）表示过去的时间副词

过去时间副词表示动作行为曾经或已经发生、出现。如“尝”“曾”“既”“业”“既然”“业已”“业以”“曾经”等。

例 1：既克，公问其故。（《左传·庄公十年》）

例 2：吾尝终日不食，终夜不寝，以思。（《论语·卫灵公》）

例 3：孟尝君曾待客夜食。（《史记·孟尝君列传》）

例 4：魏将庞涓闻之，去韩而归，齐军既已过而西矣。（《史记·孙子吴起列传》）

例 5：良业为取履，因长跪履之。（《史记·留侯世家》）

例 6：项王、范增疑沛公之有天下，业已讲解，又恶负约，恐诸侯叛之。（《史记·项羽本纪》）

例 7：上默然不应，良久曰："吾业以设饮，后而自改。"（《汉书·东方朔传》）

例 1、例 2、例 3、例 5 中的单音副词"既""尝""曾""业"，均置于动词谓语前，作状语；例 4、例 6、例 7 中的复音副词"既已""业已""业以"，均置于动词谓语之前，作状语。

（二）表示现在的时间副词

现在时间副词表示动作行为正在进行，或某种性状正在持续。如"方""鼎""正""方将"等。

例 1：俯而窥其户，方食鱼飧。（《公羊传·宣公六年》）

例 2：有过于江上者，见人方引婴儿而欲投之江中。（《吕氏春秋·慎大览·察今》）

例 3：襄子方将食而有忧色。（《淮南子·道应训》）

例 4：天子春秋鼎盛，行义未过，德泽有加焉。（《汉书·贾谊传》）

例 5：水深桥梁绝，中路正徘徊。（曹操《苦寒行》）

例 6：可怜身上衣正单，心忧炭贱愿天寒。（白居易《卖炭翁》）

例 1 例 2 中的"方"、例 5 中的"正"，均置于动词谓语之前，作状语；例 4 中的"鼎"、例 6 中的"正"，均置于形容词谓语之前，作状语；例 3 中的复音副词"方将"，置于动词谓语之前，作状语。

（三）表示将来的时间副词

将来时间副词表示动作行为将要发生、出现。如“将”“其”“且”“垂”“行”“当”“行将”“方将”等。

例1：今殷其沦丧。（《尚书·微子》）

例2：吾且柔之矣。（《左传·僖公二十八年》）

例3：鸟之将死，其鸣也哀。（《论语·泰伯》）

例4：兵箸晋阳三年矣，旦暮当拔之而飨其利。（《战国策·赵一》）

例5：今董卓垂至，诸君何不早各就国？（《后汉书·何进列传》）

例6：巨是凡人，偏在远郡，行将为人所并，岂足托乎！（《资治通鉴》汉献帝建安十三年）

例7：善万物之得时，感吾生之行休。（陶渊明《归去来兮辞并序》）

例1、例2、例3、例4、例5、例7中的单音副词“其”“且”“将”“当”“垂”“行”，例6中的复音副词“行将”，均置于动词谓语之前，作状语。

（四）表示经常的时间副词

经常时间副词表示动作行为、性状经常发生或一直如此。如“恒”“雅”“宿”“素”“常”“常常”“从来”“宿昔”等。

例1：楚国之举，恒在少者。（《左传·文公元年》）

例2：虽然，欲常常而见之，故源源而来。（《孟子·万章上》）

例3：高雅得幸于胡亥，欲立之。（《史记·蒙恬列传》）

例4：衡常思图身之事。（《后汉书·张衡列传》）

例5：权既宿服仰备，又睹亮奇雅，甚敬重之，即遣兵三万人以助备。（《三国志·蜀书·诸葛亮传》）

例6：陶饮素豪，从不见其沉醉。（《聊斋志异·黄英》）

例1、例3、例4、例5、例6中的“恒”“雅”“常”“宿”“从”，均置于动词谓语之前，作状语；例6中的“素”置于形容词谓语之前，作状语。例2的复音副词“常常”，置于动词谓语之前，作状语。

（五）表示长久的时间副词

长久时间副词表示动作行为、性状长久或始终存在。如“永”“长”“终”“常”“恒”等。

例 1：投我以木瓜，报之以琼琚。匪报也，永以为好也。（《诗经・卫风・木瓜》）

例 2：不仁者不可以久处约，不可以长处乐。（《论语・里仁》）

例 3：夫是，故农之子恒为农。（《国语・齐语》）

例 4：故官无常贵，而民无终贱。（《墨子・尚贤上》）

例 5：吾亦欲东耳，安能郁郁久居此乎？（《史记・淮阴侯列传》）

例 6：刑天舞干戚，猛志固常在。（陶渊明《读山海经・十》）

以上各例中表示长久的副词，除例 4 中的“常”“终”置于形容词谓语之前，作状语外，其余各例中的“永”“久”“长”“恒”“常”，均置于动词谓语之前，作状语。

（六）表示暂时的时间副词

暂时时间副词表示动作行为的发生、出现是暂时的。如“姑”“苟”“聊”“暂”“且”“权”“固”“且权”等。

例 1：多行不义必自毙，子姑待之。（《左传・隐公元年》）

例 2：将欲歙之，必固张之。（《老子・三十六章》）

例 3：人皆求福，已独曲全，曰：“苟免于咎。”（《庄子・天下》）

例 4：折若木以拂日兮，聊逍遥以相羊。（《楚辞・离骚》）

例 5：当得家书，方欲暂还耳。（《三国志・魏书・方技传・华佗》）

例 6：诏慰劳，令且还镇淮阴。（《晋书・谢安列传》）

例 7：时朝廷新诛桓氏，中外多虞，乃权假循征虏将军、广州刺史、平越中郎将。（《晋书・卢循列传》）

例 8：且权忍之，后视。（嵇康《家诫》）

例 4 中的“聊”置于形容词谓语之前，作状语。其余各例中的“姑”“固”“苟”“暂”“且”“权”“且权”，均置于动词谓语之前，作状语。

（七）表示急速的时间副词

急速时间副词表示动作行为发生、出现得很快。如“速”“遽”“骤”“即”“亟”“疾”“急”“立”“卒”“倏”“忽”“登”“旋”“便”“旋即”“登时”“登即”等。

例1：我死，乃亟去之。（《左传·隐公十一年》）

例2：仆人以告，公遽见之。（《左传·僖公二十四年》）

例3：杞伯于是骤朝于晋，而请为昏。（《左传·成公十八年》）

例4：沛公至军，立诛杀曹无伤。（《史记·项羽本纪》）

例5：登即相许和，便可作婚姻。（《乐府诗集·焦仲卿妻》）

例6：牧遣使慰譬，登皆首服。（《三国志·吴书·钟离牧传（注）》）

例7：贼众大惊，登时走散。（《北史·祖莹列传·祖珽》）

例8：行之未几，旋即厘改。（《宋史·范仲淹列传》）

以上各例中表示急速的单音副词“亟”“遽”“骤”“立”“便”“登”，复音副词“登即”“登时”“旋即”，均置于动词谓语前，作状语。

（八）表示初始的时间副词

初始时间副词表示动作行为发生、出现不久。如“始”“初”“才”“裁”“刚”“甫”等。

例1：晋侯始入而教其民。（《左传·僖公二十七年》）

例2：孝景初即位，为詹事。（《史记·魏其武安侯列传》）

例3：救之，少发则不足，多发，远县才至，则胡又已去。（《汉书·袁盎晁错传》）

例4：甫欲凿石索玉，剖蚌求珠，今乃隋和炳然，有如皎日，复何疑哉！（《三国志·蜀书·秦宓传》）

例5：裁近岸，犬即腾上，速去如飞。（《述异记》）

例6：刚有峨嵋念，秋来锡欲飞。（齐己《思游峨嵋寄林下诸友》）

以上各例中表示初始的副词“始”“初”“才”“甫”“裁”“刚”，均置于动词谓语前，作状语。

（九）表示终竟的时间副词

终竟表示动作行为终于发生、出现。如“终”“卒”“竟”“迄”“讫”“卒以”等。

例1：纣之百克而卒无后。（《左传·宣公十二年》）

例2：姑盟而退，修德息师而来，终必获郑，何必今日？（《左传·襄公九年》）

例3：陈胜虽已死，其所置遣侯王将相竟亡秦。（《史记·陈涉世家》）

例4：然而太尉以一节入北军，一呼，士皆左袒，为刘氏，叛诸吕，卒以灭之。（《史记·孝文本纪》）

例5：融负其高气，志在靖难，而才疏意广，迄无成功。（《后汉书·孔融传》）

例6：向不出其技，虎虽猛，疑畏，卒不敢取。（柳宗元《三戒·黔之驴》）

例7：二人讫拔其城。（《新唐书·列传第三十三》）

以上各例中表示终竟的副词“卒”“终”“竟”“卒以”“迄”“讫”，均置于动词谓语前，作状语。

（十）表示承接的时间副词

表示时间上先后相继，或事理上先后相承。如“乃”“既”“遂”“即”“然”“如”“斯”“焉”“便”“旋”“既而”“斯须”等。

例1：刿曰：“肉食者鄙，未能远谋。”乃入见。（《左传·庄公十年》）

例2：楚人亦惧王之入晋军也，遂出陈。（《左传·宣公十二年》）

例3：当遂枚木，不能尽内，既烧之。（《墨子·号令》）

例4：楚成王以商臣为太子，既而又欲置公子职。（《韩非子·内储说下》）

例5：即作汤二升，先服一升，斯须尽服之。（《三国志·魏书·方技传·华佗》）

例1、例2、例3中的“乃”“遂”“既”，均置于动词谓语之前，表示后一动作行为紧接着前一动作行为发生、出现，可译为“就”；例4的“既而”，例5的“斯须”，均置于动词谓语之前，表示后一动作行为或情况距前一动作行为或情况不久后发生，可译为“不久”“一会儿”。

例 6：贱即买，贵则卖。（《盐铁论·本议》）

例 7：见象牙乃知其大于牛，见虎尾乃知其大于狸，一节见而百节知也。（《淮南子·说林训》）

例 8：凡为名者必廉，廉斯贫；为名者必让，让斯贱。（《列子·杨朱》）

以上三例中表示承接的副词，“即”“乃”置于动词谓语之前，“斯”用在形容词谓语前，均表示事理上的先后相承。即前一分句是条件，后一分句是结果。

四、重复副词及其语法

表示动作行为连续或重复的副词称为重复副词。这类副词主要置于动词谓语前，作状语。其中又可分为以下类型：

（一）表示重复的重复副词

表示动作行为再次或重复发生、出现。如“更”“复”“再”“又”“还”“重”等。

例 1：在此行也，晋不更举矣。（《左传·僖公五年》）

例 2：有复言令长安君为质者，老妇必唾其面。（《战国策·赵四》）

例 3：时乎时，不再来。（《史记·淮阴侯列传》）

例 4：虽我之死，有子存焉，子又生孙，孙又生子，子又有子，子又有孙，子子孙孙无穷匮也。（《列子·汤问》）

例 5：以父忧废业，母又诫之曰：“汝父卒日，令汝远就崔生，希有成立。今已过期，宜遵成命。”绍还赴学。（《魏书·范绍传》）

例 6：越明年，政通人和，百废具兴。乃重修岳阳楼。（范仲淹《岳阳楼记》）

以上各例中表示重复的副词“更”“复”“再”“又”“还”“重”，均置于动词谓语之前，作状语。

（二）表示连续、多次的重复副词

连续、多次表示动作行为或某种情况连续或多次发生、出现。如“屡”“娄”

"亟""连""累""数""频"等。

例 1：君子屡盟，乱是用长。（《诗经·小雅·巧言》）

例 2：绥万邦，娄丰年。（《诗经·周颂·桓》）

例 3：爱共叔段，欲立之，亟请于武公，公弗许。（《左传·隐公元年》）

例 4：于是田荣弟横收得亡卒数万人，反城阳。羽因留，连战未能下。（《汉书·项籍传》）

例 5：大将军邓骘奇其才，累召不应。（《后汉书·张衡传》）

例 6：是时地数震裂，众灾频降。（《后汉书·李云传》）

以上各例中表示连续或多次的副词，除例 2 的"娄"用在名词谓语"丰年"前之外，其余各例中的"屡""亟""连""累""数""频"，均置于动词谓语之前，作状语。

（三）表示追加、补充的重复副词

追加、补充表示后一动作行为是前一动作行为的追加、补充。此类副词数量较少。如"兼"等。

例 1：宠虽传法律，而兼通经书。（《后汉书·陈宠传》）

例 2：永乃发愤读书，涉猎经史，兼有才笔。（《北史·傅永列传》）

例 1、例 2 中的副词"兼"置于动词谓语之前，作状语。

（四）表示轮流、交替的重复副词

轮流、交替表示动作行为交替或按顺序发生、出现。如"递""迭""间""更""掉""交""代""错""相""狎"等。

例 1：列星随旋，日月递照。（《荀子·天论》）

例 2：辟如四时之错时，如日月之代明。（《礼记·中庸》）

例 3：天下者高祖天下，父子相传，此汉之约也。（《史记·魏其武安侯列传》）

例 4：弟兄迭为君而致国乎季子。（《公羊传·襄公二十九年》）

例 5：乃间歌《鱼丽》，笙《由庚》；歌《南有嘉鱼》，笙《崇丘》；歌《南山有台》，笙《由仪》。（《仪礼·燕礼》）

例6：未及还，会布救兵至，三面掉战。（《三国志·魏书·典韦传》）

例7：又二百余年，遂为三国交据之地。（陈亮《上孝宗皇帝第一书》）

例1中的“递”、例2中的“错”“代”、例6中的“掉”、例7中的“交”，均置于动词谓语之前，表示动作行为交替进行；例3中的“相”、例4中的“迭”、例5中的“间”，均置于动词谓语之前，表示动作行为按顺序进行。

五、否定副词及其语法

表示否定或劝阻、禁止的副词称为否定副词。这类副词除可以修饰作谓语的动词、形容词外，还可修饰作谓语的数词、名词以及其他副词，在句中作状语。有时也可以用在对话中，独立回答问题。

（一）表示否定的否定副词

表示对动作行为、性状或某种情况的否定。如“不”“无”“未”“弗”“莫”“非”“匪”“微”“否”“靡”“蔑”“末”“亡”“罔”等。

例1：今币重而言甘，诱我也，不如无往。（《左传·昭公十一年》）

例2：肉食者鄙，未能远谋。（《左传·庄公十年》）

例3：吾令鸩为媒兮，鸩告余以不好。（《楚辞·离骚》）

例4：其得罪于君也，将弗久矣。（《庄子·徐无鬼》）

例5：三岁贯女，莫我肯顾。（《诗经·魏风·硕鼠》）

例6：我心匪石，不可转也。我心匪席，不可卷也。（《诗经·邶风·柏舟》）

例7：利不百，不变法；功不十，不易器。（《商君书·更法》）

例8：曰：“自织之与？”曰：“否，以粟易之。”（《孟子·滕文公上》）

例1的“无”置于动词谓语之前；例2的“未”置于助动词之前；例3的“不”、例4的“弗”置于形容词谓语之前；例5的“莫”置于前置代词宾语之前；例6的“匪”置于名词谓语之前；例7的“不“置于作谓语的数词之前；例8的“否”在对话中独立成句，均表示否定。

（二）表示禁止、劝阻的否定副词

禁止、劝阻否定副词表示对动作行为的禁止、劝阻。如“无”“莫”“不”

“毋”“勿”“休”“弗”“末”“罔”等。

例 1：汝无侮老成人，无弱孤有幼。（《尚书·盘庚上》）

例 2：盟于督扬，曰：“大毋侵小。”（《左传·襄公十九年》）

例 3：明日徙舍，斩有罪者以徇，曰：“莫如此不用王命。”（《国语·吴语》）

例 4：愿诸君勿复言。（《三国志·蜀书·诸葛亮传》）

例 5：劝君休叹恨，未必不为福。（杜甫《戏赠友·二》）

例 6：敌人远吾，欲以火器困吾也。急逐弗失！（《清稗类钞·冯婉贞胜英人于谢庄》）

例 1 的“无”、例 3 的“莫”、例 4 的“勿”、例 5 的“休”，均置于动词谓语之前，表示劝止；例 2 的“毋”、例 6 的“弗”，均置于动词谓语之前，表示禁止。

（三）表示不存在的否定副词

不存在表示动作行为或某种情况没有发生、出现。如“无”“未”“靡”“蔑”“末”“亡”等。此类副词一般要对译为“没”或“没有”。

例 1：四国皆有分，我独无有。（《左传·昭公十二年》）

例 2：封疆之削，何国蔑有？（《左传·昭公元年》）

例 3：不幸短命死矣，今也则亡，未闻好学者也。（《论语·雍也》）

例 4：四弟曰：“吾未予子酒矣。”（《墨子·公孟》）

例 5：常苦枯旱，亡有平岁，谷贾翔贵。（《汉书·食货志上》）

例 6：凡货，金钱布帛之用，夏、殷以前其详靡记云。（《汉书·食货志下》）

例 1 的“无”、例 2 的“蔑”、例 5 的“亡”，均用在表示存在的动词“有”之前，表示对存在的否定，译为“没”；例 3 的“未”、例 4 的“未”、例 6 的“靡”，置于动词谓语之前，表示动作行为没有发生、出现，译为“没有”。

六、语气副词及其语法

表示句子语气的副词称为语气副词。这类副词置于作谓语的动词、形容词、名词之前，作状语。在使用中，语气副词往往同语气词相呼应。语气副词可分为以下类型：

（一）表示强调、肯定的语气副词

强调、肯定副词表示对动作行为、性状、人、事物或某种情况的肯定、强调。如“必”“诚”“固”“即”“乃”“定”“实”“决”“则”“断”“端”“诚实”等。

例1：之子于归，远送于南，瞻望弗及，实劳我心。（《诗经·邶风·燕燕》）

例2：物不能澹则必争，争则必乱，乱则穷矣。（《荀子·王制》）

例3：饿不苟食，死不苟生，此乃有法之常也。（《商君书·画策》）

例4：此固国家之珍而社稷之佐也！（《墨子·尚贤上》）

例5：诚既勇兮又以武，终刚强兮不可凌。（《楚辞·九歌·国殇》）

例6：项梁闻陈王定死，召诸别将会薛计事。（《史记·项羽本纪》）

例7：梁父即楚将项燕。（《史记·项羽本纪》）

例8：贾子厚诚实凶德，然洗心向善。（《后汉书·郭太传》）

例1的“实”、例2的前一个“必”、例6的“定”，置于动词谓语之前；例2的后一个“必”、例5的“诚”，置于形容词谓语之前；例3的“乃”、例4的“固”、例7的“即”、例8的“诚实”，置于名词谓语之前，分别表示对动作行为、性状、人、事物或某种情况的强调、肯定。

（二）表示相反的语气副词

相反的语气副词表示前后两种情况相反或对立。如“反”“顾”“乃”“独”“更”“固”“却”“徒”“还”“顾反”等。

例1：不我能慉，反以我为仇。（《诗经·邶风·谷风》）

例2：故仲尼反为臣，而哀公顾为君。（《韩非子·五蠹》）

例3：越鸡不能伏鹄卵，鲁鸡固能矣。（《庄子·庚桑楚》）

例4：臣以失令过期，更不用侵辱教，王之惠也。（《战国策·赵二》）

例5：今萧何未尝有汗马之劳，徒持文墨议论，不战，顾反居臣等上，何也？（《史记·萧相国世家》）

例6：且矫魏王令，夺晋鄙兵以救赵，于赵则有功矣，于魏则未为忠臣也。

公子乃自骄而功之，窃为公子不取也。（《史记·魏公子列传》）

例7：太公、伊尹以如此，龙逢、比干独如彼，岂不哀哉！（《汉书·东方朔传》）

例8：昨被召来，今却得还。（《搜神记·贾文合》）

以上各例中表示相反语气的副词，均置于动词谓语之前，作状语，可对译为“反而”或“却”，表示前后两种情况相反或对立。

（三）表示反诘的语气副词

反诘的语气副词即用反问的形式，表示肯定或否定的意思。如“其”“焉”“胡”“安”“何”“恶”“岂”“宁”“易”“那”“庸”“渠”“讵”“巨”“得”“岂巨”“岂其”等。

例1：若火之燎于原，不可向迩，其犹可扑灭？（《尚书·盘庚上》）

例2：割鸡焉用牛刀？（《论语·阳货》）

例3：雍姬知之，谓其母曰：“父与夫孰亲？”其母曰：“人尽夫也，父一而已，胡可比也？”（《左传·桓公十五年》）

例4：其母不爱，安能爱君？（《韩非子·难一》）

例5：徐公何能及君也！（《战国策·齐一》）

例6：由此观之，恶有不战者乎？（《战国策·秦一》）

例7：沛公不先破关中，公岂敢入乎？（《史记·项羽本纪》）

例8：王侯将相宁有种乎！（《史记·陈涉世家》）

以上各例中表示反诘语气的副词，均用在动词性谓语前，作状语。

（四）表示揣测、估量的语气副词

揣测、估量的语气副词表示对动作行为、性状、数量或某种情况的揣测、估计。如“或”“若”“庶”“似”“殆”“可”“盖”“约”“其”“迨”“罔”“无乃”“或者”“仿佛”“庶几”“亡虑”等。

例1：君姑修政而亲兄弟之国，庶免于难。（《左传·桓公六年》）

例2：居简而行简，无乃大简乎？（《论语·雍也》）

例3：若闻蔡将先卫，信乎？（《左传·定公四年》）

例 4：昔者辞以病，今日吊，或者不可乎？（《孟子·公孙丑下》）

例 5：吾闻圣人不相，殆先生乎？（《史记·范睢蔡泽列传》）

例 6：匈奴亦纵可万骑。（《史记·卫将军骠骑列传》）

例 7：周之建国也，盖千八百诸侯。（《盐铁论·轻重》）

例 8：山有小口，仿佛若有光。（陶渊明《桃花源记并序》）

例 1 的“庶”、例 3 的“若”，置于动词谓语之前，表示对动作行为的揣测、估计；例 5 的“殆”置于名词谓语之前，表示对某种情况的揣测、估计；例 6 的“可”、例 7 的“盖”，分别置于带有数量词的名词谓语之前，表示对数量的揣测、估计。例 2、例 4、例 8 中的复音副词“无乃”“或者”“仿佛”，分别置于动词或形容词谓语之前，表示对动作行为或性状的揣测、估计。

（五）表示希望、祈请的语气副词

希望、祈请的语气副词表示希望产生、出现某一动作行为。如“尚”“上”“其”“唯”“惟”“实”“岂”“庶”“幸”等。

例 1：勖哉夫子！尚桓桓如虎如貔如熊如罴，于商郊！（《尚书·牧誓》）

例 2：阙秦以利晋，唯君图之。（《左传·僖公三十年》）

例 3：攻之不克，围之不继，吾其还也。（《左传·僖公三十三年》）

例 4：敢布腹心，君实图之！（《左传·宣公十二年》）

例 5：幸来告语之，吾亦往送女。（《史记·滑稽列传》）

例 6：故敢略陈其愚，惟君子察焉。（杨恽《报孙会宗书》）

例 1 的“尚”、例 3 的“其”、例 4 的“实”、例 5 的“幸”，均置于动词谓语之前；例 2 的“唯”、例 6 的“惟”，均用在句首，表示希望产生、出现某一动作行为。

（六）表示出乎意料、追根究底的语气副词

出乎意料、追根究底的的语气副词表示动作行为或某种情况的发生、出现出乎意料，或表示对事情真相的追究。如“曾”“宁”“果”“竟”“乃”“端”“固”“定”等。

例 1：谁谓河广？曾不容刀。（《诗经·卫风·河广》）

例 2：吾所以亡者，果何故哉？（《吕氏春秋·季秋纪·审己》）

例 3：孟子言“其间必有名世者”，竟谓谁也？（《论衡·刺孟》）

例 4：及吕后时，事多故矣，然平竟自脱。（《史记·陈丞相世家》）

例 5：问今是何世，乃不知有汉，无论魏、晋。（陶渊明《桃花源记并序》）

例 6：卿云艾艾，定是几“艾”？（《世说新语·言语》）

例 7：其辱人贱行，视五人之死，轻重固何如哉？（张溥《五人墓碑记》）

例 1 的“曾”、例 4 的“竟”、例 5 的“乃”，均置于动词谓语之前，表示出人意料；例 2 的“果”、例 3 的“竟”、例 6 的“定”、例 7 的“固”，分别置于动词、形容词或名词谓语前，表示追根问底。表示出乎意料多为叙述句，表示追根究底一般用疑问句。

（七）表示让步的语气副词

让步的语气副词即提出更甚的事做衬托，表示甲事尚且如此，乙事更不用说。这类副词往往用在复句的前一分句，常同后一分句表示进层的连词“况”“且”“矧”“而况”“何乃”，表示反诘的副词“安”“胡”等相呼应。如“乃”“犹”“而”“且”“尚”“曾”“其”“犹尚”“犹若”“且犹”“且由”等。

例 1：若考作室，既底法；厥子乃弗肯堂，矧肯构？（《尚书·大诰》）

例 2：蔓草犹不可除，况君之宠弟乎？（《左传·隐公元年》）

例 3：亲以宠偪，犹尚害之，况以国乎？（《左传·僖公五年》）

例 4：管仲且犹不可召，而况不为管仲者乎？（《孟子·公孙丑下》）

例 5：中主犹若不能有其民，而况于暴君乎？（《吕氏春秋·孟秋纪·荡兵》）

例 6：臣死且不避，卮酒安足辞！（《史记·项羽本纪》）

例 7：今将军尚不得夜行，何乃故也！（《史记·李将军列传》）

例 8：善且由弗为，况不善乎？（《淮南子·说山训》）

例 1 的“乃”与“矧”相呼应；例 2 的“犹”、例 3 的“犹尚”、例 8 的“且由”与“况”相呼应；例 4 的“且犹”、例 5 的“犹苦”与“而况”相呼应；例 6 的“且”与“安”相呼应；例 7 的“尚”与“何乃”相呼应，均表示让步。

（八）表示接近的语气副词

接近的语气副词表示人、事物等接近某一情况或数量。如“苟”“将”“汔”“几”“危”“且”“恕”“垂”“殆”等。

例1：子谓卫公子荆：“善居室。始有，曰：‘苟合矣。’少有，曰：‘苟完矣。富有，曰：‘苟美矣。’”（《论语·子路》）

例2：今滕，绝长补短，将五十里也，犹可以为善国。（《孟子·滕文公上》）

例3：汉王辍食吐哺，骂曰：“竖儒，几败而公事！”（《史记·留侯世家》）

例4：今儿安在？危杀之矣！（《汉书·孝成赵皇后传》）

例5：北山愚公者，年且九十，面山而居。（《列子·汤问》）

例6：雄据巴、汉垂三十年。（《三国志·魏书·张鲁传》）

例7：兵及陈涛，为贼所败，丧师殆尽。（《旧唐书·郭子仪列传》）

例1的“苟”用在形容词谓语之前；例2的“将”、例5的“且”、例6的“垂”，用在数量词谓语之前；例3的“几”、例4的“危”、例7的“殆”，用在动词谓语之前，分别表示接近某一情况或数量。

（九）表示叮嘱、劝告的语气副词

叮嘱、劝告的语气副词表示对人的某种行为的叮嘱、劝告。此类副词常与否定副词连用，有的也可独立运用。如“善”“慎”“眘”“千万”“万万”“万”等。

例1：子善视之。（《左传·昭公十二年》）

例2：谨守成皋，则汉欲挑战，慎勿与战，毋令得东而已。（《史记·项羽本纪》）

例3：此饰说也，王眘勿予！（《史记·平原君虞卿列传》）

例4：如过亳州，只约黎、曹二君，南台相见，勿入城，千万！千万！（欧阳修《与二寺丞》）

例5：惟万万宽中强食！（苏轼《与文郎》）

例6：如其不然，万勿置后。（夏完淳《狱中上母书》）

例1的“善”、例2的“慎”、例3的“眘”、例5的“万万”、例6的“万”，均置于动词谓语之前，作状语，其中“慎”“奋”“万”与否定副词连用；例 4 的“千万”独立成句，其后省略了动词谓语。

七、情态副词及其语法

表示动作行为的情势、状态及其发展变化的副词称为情态副词。这类副词主要置于动词、形容词前，作状语。有的可带词尾“然”“尔”“焉”等。其中又可分为以下类型：

（一）表示恰巧、侥幸的情态副词

恰巧、侥幸的情态副词表示动作行为或情况巧合、侥幸。如“会”“适”“幸”“正”“恰”等。

例 1：诞置之平林，会伐平林。（《诗经·大雅·生民》）

例 2：夫身中大创十余，适有万金良药，故得无死。（《史记·魏其武安侯列传》）

例 3：幸赖先人余业得备宿卫。（《汉书·杨恽传》）

例 4：平原不在，正见清河。（《世说新语·自新》）

例 5：一夜青蛙鸣到晓，恰如方口钓鱼时。（韩愈《盆池》）

例 1 的“会”、例 2 的“适”、例 3 的“幸”、例 4 的“正”、例 5 的“恰”，均用在动词谓语前，作状语。

（二）表示依然不变的情态副词

依然不变的情态副词表示动作行为或性状保持原状，没有发生变化。如“由”“故”“犹”“仍”“且”“尚”“犹且”等。

例 1：舜为法于天下，可传于后世，我由未免为乡人也，是则可忧也。（《孟子·离娄下》）

例 2：义帝虽然无功，故当分其地而王之。（《史记·项羽本纪》）

例 3：国虽大，人虽众，兵犹且弱也。（《淮南子·兵略训》）

例 4：汉兴，仍袭秦制，置中常侍官。（《后汉书·宦者列传》）

例 5：三径就荒，松菊犹存。（陶渊明《归去来兮辞并序》）

例 6：今日知消息，他乡且旧居。（杜甫《得家书·一》）

例 7：视其缶，而吾蛇尚存。（柳宗元《捕蛇者说》）

例 1 的“由”、例 2 的“故”、例 4 的“仍”、例 5 的“犹”、例 7 的“尚”，均置于动词谓语前，作状语；例 3 的“犹且”置于形容词谓语前，例 6 的“且”置于名词谓语前，均作状语。

（三）表示原本如此的情态副词

原本如此的情态副词表示动作行为或情况本来就是如此。如“故”“本”“元”“固”“原”“元来”等。

例 1：管仲曰：“微君言，臣故将谒之。”（《韩非子·难一》）

例 2：苍本好书，无所不观，无所不通，而尤善律历。（《史记·张丞相列传》）

例 3：推其所由，似元不解音声；览其旨趣，亦未达礼乐之情也。（嵇康《琴赋》）

例 4：若然，比、赋、兴元来不分，则唯有风、雅、颂三诗而已。（《诗经·周南·关雎（序疏）》）

例 5：生乎吾前，其闻道也固先乎吾，吾从而师之。（韩愈《师说》）

例 6：唯夫代有升降，而法不相沿，各极其变，各穷其趣，所以可贵，原不可以优劣论也。（袁宏道《叙小修诗》）

例 1 的“故”、例 2 的“本”、例 3 的“元”、例 4 的“元来”、例 6 的“原”，均置于动词谓语前；例 5 的“固”置于形容词谓语前，都在句中作状语。

（四）表示突然的情态副词

突然的情态副词表示动作行为急遽发生、出现，出人意料。如“忽”“突”“骤”“俄”“忽然”“勃然”“突而”“突然”“忽而”“忽焉”等。

例 1：未几见兮，突而弁兮。（《诗经·齐风·甫田》）

例 2：瞻之在前，忽焉在后。（《论语·子罕》）

例 3：荡荡乎！忽然出，勃然动，而万物从之乎！（《庄子·天地》）

例 4：忽反顾以游目兮，将往观乎四荒。（《楚辞·离骚》）

例 5：时王莽贵人魏氏宾客放从，延率吏突入其家捕之。（《后汉书·虞延传》）

例 6：犬匿于穴中伺人，人不意之，突然而出也。（徐锴《说文系传（注）》）

例 7：足下身为司谏，乃耳目之官，当其骤用时，何不一为天子辨其不贤，反默默无一语。（欧阳修《与高司谏书》）

例 1 的“突”、例 2 的“忽”、例 3 的“忽”“勃”、例 6 的“突”，分别同词尾“而”“焉”“然”组成复音副词，置于动词前，作状语。其中例 6 的“突然”与动词之间，有连词“而”连接。例 4 的“忽”、例 5 的“突”、例 7 的“骤”，均置于动词前，作状语。

（五）表示偶然的情态副词

偶然的情态副词表示动作行为是偶然发生、出现的。如“偶”“间”“时”“偶然”等。

例 1：数月之后，时时而间进。（《战国策·齐一》）

例 2：陛下用臣计，幸而时中，臣愿封留足矣，不敢当三万户。（《史记·留侯世家》）

例 3：有顷，佗偶至主人许，主人令佗视平。（《三国志·魏书·方技传·华佗》）

例 4：向之来，非有取于斗升之禄，偶然得之，非其所乐。（苏辙《上枢密韩太尉书》）

例 1 的“间”、例 2 的“时”、例 3 的“偶”、例 4 的“偶然”，均置于动词谓语前，作状语。

（六）表示逐渐的情态副词

逐渐的情态副词表示动作行为或性状是逐渐发生、变化的。如“渐”“益”“稍”“徐”“渐渐”“稍稍”等。

例 1：聊须臾以时忘兮，心渐渐其烦错。（《楚辞·九叹·忧苦》）

例 2：坐乃起更衣，稍稍去。（《史记·魏其武安侯列传》）

例 3：自缪公以来，稍蚕食诸侯，竟成始皇。（《史记·秦始皇本纪》）

例 4：此虽小失，而渐坏旧章。（《后汉书·李固传》）

例 5：原流泉浡，冲而徐盈；混混滑滑，浊而徐清。（《淮南子·原道训》）

例 6：益习其声，又进出前后，终不敢搏。（柳宗元《三戒·黔之驴》）

例 1 的“渐渐”、例 2 的“稍稍”是由两个相同的字组成的复音副词，其分别置于形容词、动词前，作状语；例 3 的“稍”、例 4 的“渐”、例 6 的“益”，均置于动词前，作状语；例 5 的“徐”置于形容词前，作状语。

（七）表示空枉的情态副词

空枉的情态副词表示没有达到预期的目的、没有取得应有的效果或不付任何代价。如“徒”“空”“虚”“但”“白”“亶”“素”“枉”“徒然”等。

例 1：欲予秦，秦城恐不可得，徒见欺。（《史记·廉颇蔺相如列传》）

例 2：其母为言曰：“今遣少子，未必能生中子也，而先空亡长男，奈何？”（《史记·越王勾践世家》）

例 3：朱公长男以为赦，弟固当出也，重千金虚弃庄生，无所为也。（《史记·越王勾践世家》）

例 4：何但远走，亡匿于幕北寒苦无水草之地为？（《汉书·匈奴传上》）

例 5：亶费精神于此。（《汉书·扬雄传》）

例 6：更不支得价钱，令人户白纳。（欧阳修《乞放行牛皮胶鳔》）

例 7：瞻彼景山，徒然望慕。（任昉《为范始兴作求立太宰碑表》）

例 1 的“徒”、例 2 的“空”、例 3 的“虚”、例 4 的“但”、例 5 的“亶”、例 6 的“白”、例 7 的“徒然”，分别置于动词谓语前，作状语。

（八）表示暗地的情态副词

暗地的情态副词表示动作行为是暗中进行的。如“潜”“微”“阴”“窃”“私”“偷”“间”等。

例 1：晋侯潜会秦伯于王城。（《左传·僖公二十四年》）

例 2：司马喜，中山君之臣也，而善于赵，尝以中山之谋微告赵王。（《韩非子·内储说下·六微》）

例 3：君不如令弊邑阴合于秦而君无攻，又无借兵乞食。（《战国策·西周》）

例 4：弟子皆窃骂。（《史记·刘敬叔孙通列传》）

例 5：王稽知范雎贤，谓曰："先生待我于三亭之南。"与私约而去。（《史记·范雎蔡泽列传》）

例 6：大妇怨空闺，中妇夜偷啼。（陈叔宝《三妇艳词·九》）

以上各例中的"潜""微""阴""窃""私""偷"，均用在动词谓语前，作状语。

（九）表示尽管的情态副词

尽管的情态副词表示进行某种动作行为时不必有任何顾虑或不受任何条件限制。如"弟""第""地""但"等。

例 1：君弟重射，臣能令君胜。（《史记·孙子吴起列传》）

例 2：上曰："汝第往，吾今使人召若。"（《汉书·申屠嘉传》）

例 3：西曹地忍之，此不过污丞相车茵耳。（《汉书·丙吉传》）

例 4：尚让慰晓市人曰："黄王为生灵，不似李家不恤汝辈，但各安家。"（《旧唐书·黄巢列传》）

以上各例中的"弟""第""地""但"，均用在动词谓语前，作状语，可译为"只管"或"尽管"。

八、敬谦副词及其语法

表示尊敬和表示谦卑的副词称为敬谦副词。这类词用在动词前，做状语。其中有的只含敬谦之义，不能对译为现代汉语。这种用法一般用在对话中。

（一）表示尊敬的敬谦副词

表示尊敬的敬谦副词如"请""惠""辱""敬""谨""幸""蒙""垂""借"等。

例 1：请问其目。（《论语·颜渊》）

例 2：若惠顾前好，徼福于厉、宣、桓、武，不泯其社稷。（《左传·宣公十二年》）

例 3：寡君若得而食之，不厌，君何辱讨焉！（《左传·僖公三十三年》）

例4：谓夜姑曰："吾始使盾佐女，今女佐盾矣。"夜姑曰："敬诺。"（《穀梁传·文公六年》）

例5：谨使臣良奉白璧一双，再拜献大王足下。（《史记·项羽本纪》）

例6：先生何以幸教寡人？（《史记·范雎蔡泽列传》）

例7：三年于今，未蒙省录。（《后汉书·班超列传》）

例8：请诉之，愿大人垂听。（马中锡《中山狼传》）

以上各例中的"请""惠""辱""敬""谨""幸""蒙""垂"，均置于动词谓语之前，作状语，表示对人的尊敬。

（二）表示谦卑的敬谦副词

表示谦卑的敬谦副词如"敢""窃""伏""忝""猥""叨"等。

例1：曰："敢问死。"曰："未知生，焉知死。"（《论语·先进》）

例2：臣闻吏议逐客，窃以为过矣。（《史记·李斯列传》）

例3：伏闻太子玉体不安，亦少间乎？（枚乘《七发》）

例4：弼大怒曰："太守忝荷重任，当选士报国，尔何人而伪诈无状！"（《后汉书·史弼传》）

例5：先帝不以臣卑鄙，猥自枉屈，三顾臣于草庐之中。（《三国志·蜀书·诸葛亮传》）

例6：有愧叨承国士恩。（李白《下途归石门旧居》）

以上各例中的"敢""窃""伏""忝""猥""叨"，均置于动词谓语之前，作状语，表示谦卑。

第二节　古汉语中介词及其语法探究

把名词、代词或各种词组介绍给作谓语的动词或形容词，以表示时间、地点、原因、目的、方式、对象等的词叫介词。介词没有实在意义，不能单独使用，只有与名词、代词及其词组组成介宾结构，才能充当句子成分。介宾结构在句子中主要作状语、补语，有时可作定语、谓语。①

介词可以分为时间地点介词、原因目的介词、方式介词、关涉介词四大类，具体如下：

一、时间、地点介词及其语法

时间、地点介词是把表示时间、地点的名词、代词及其词组介绍给谓语的介词。

（一）表示时间的介词

表示时间的介词包括动作行为发生的时间以及起止的时间。如“于”“於”“乎”“自”“在”“由”“方”“当”“为”“从”“比”“及”“逮”“虖”“以”“竟”“繇”“洎”“暨”“至”等。

例 1：子於是日哭，则不歌。（《论语·述而》）

例 2：当此之时也，民知其母而不知其父。（《商君书·开塞》）

例 3：方其梦也，不知其梦也。（《庄子·齐物论》）

例 4：吾独穷困乎此时也！（《楚辞·离骚》）

例 5：为其来也，臣请缚一人过王而行。（《晏子春秋·内篇·杂下》）

例 6：文以五月五日生。（《史记·孟尝君列传》）

例 7：齐、晋、秦、楚其在成周微甚，封或百里或五十里。（《史记·十二

① 何静，宋天宝，彭炜明，等. 基于“词—词性”匹配模式获取的古汉语树库快速构建方法 [J]. 中文信息学报，2017，31（4）：114-121.

诸侯年表》）

以上七个例子中的“於”“当”“方”“乎”“为”“以”“在”，均同其后的词或词组组成介宾结构。例 1、例 3、例 6 置于动词谓语之前，例 7 置于形容词谓语之前，例 2、例 5 置于句首，充当状语；例 4 置于形容词谓语之后，作补语。表示动作行为或情况发生的时间。

例 8：晋於是始墨。（《左传·僖公三十三年》）

例 9：由尧、舜至于汤，五百有余岁。（《孟子·尽心下》）

例 10：先生之寿，从今以往者四十三岁。（《史记·范雎蔡泽列传》）

例 11：《春秋》何以始乎隐？（《公羊传·哀公十四年》）

例 12：自古明王圣帝，犹须勤学，况凡庶乎！（《颜氏家训·勉学》）

以上五个例子中的“於”“由”“从”“乎”“自”，均同其后的词或词组组成介宾结构。例 8、例 9、例 10 置于动词谓语之前，例 12 置于句首，充当状语；例 11 置于动词谓语之后，作补语。表示动作行为起始的时间。

例 13：右广初驾，数及日中；左则受之，以至于昏。（《左传·宣公十二年》）

例 14：戒之，遂行。逮夜至于齐。（《左传·哀公六年》）

例 15：竟郅都死不近雁门。（《史记·酷吏列传》）

例 16：陵夷至虖桀纣之行，王道大坏矣。（《汉书·董仲舒传》）

例 17：毅曰：“夙为洞庭君女传书，至今为忆。”（李朝威《柳毅传》）

例 18：玉以残兵五百人夜战，比旦皆没。（《宋史·文天祥传》）

以上六个例子中的“及”“于”“逮”“竟”“虖”“至”“比”，均同其后的词或词组组成介宾结构。例 13、例 16 置于动词谓语之后，作补语；例 14、例 15、例 17、例 18 置于动词谓语之前，充当状语。表示动作行为延续或终止的时间。

（二）表示处所的介词

表示处所的介词包括动作行为发生的处所、起点、范围、趋向、方位、沿循的路线等。如“于”“於”“乎”“从”“当”“与”“在”“由”“自”“道”“及”“至”“到”“向”“乡”“愫”“嚮”“以”“直”“沿”“循”“顺”“旁”“缘”“依”“戾”“寻”“就”“即”等。

例 1：子击磬于卫。（《论语 · 宪问》）

例 2：在陈绝粮，从者病，莫能兴。（《论语 · 卫灵公》）

例 3：吾攻平陵，南有宋，北有卫，当途有市丘，是吾粮途绝也。（《孙膑兵法 · 擒庞涓》）

例 4：楚人生乎楚，长乎楚，而楚言。（《吕氏春秋 · 孟夏纪 · 用众》）

例 5：舟止，从其所契者入水求之。（《吕氏春秋 · 慎大览 · 察今》）

例 6：要离力微，坐与上风。（《吴越春秋 · 阖闾内传》）

以上六例中的“於”“在”“当”“乎”“从”“与”，均同其后的词或词组组成介宾结构。例 1、例 4、例 6 置于动词谓语之后，作补语；例 2、例 3、例 5 置于动词谓语之前，作状语。表示动作行为发生的处所。

例 7：故凡治乱之情，皆道上始。（《管子 · 禁藏》）

例 8：子墨子闻之，起於鲁。（《墨子 · 公输》）

例 9：由山以上五六里，有穴窈然，入之甚寒。（王安石《游褒禅山记》）

例 10：天阴黑，自张柴村以东道路，皆官军所未尝行，人人自以为必死。（《资治通鉴》唐宪宗元和十二年）

以上四例中的“道”“於”“由”“自”，均同其后的词或词组组成介宾结构。例 7、例 9 置于动词谓语之前，作状语；例 8 置于动词谓语之后，作补语，表示动作行为的起点。例 10 置于名词之前，作定语。

例 11：鸡鸣狗吠相闻，而达乎四境。（《孟子 · 公孙丑上》）

例 12：候吏者追臣至境上，不及而止。（《韩非子 · 外储说左下》）

例 13：逃谗于楚，废死兰陵。（韩愈《进学解》）

例 14：火烈风猛，船往如箭，烧尽北船，延及岸上营落。（《资治通鉴》汉献帝建安十三年）

例 15：术走襄邑，追到太寿，决渠水灌城。（《三国志 · 魏书 · 武帝纪》）

以上五例中的“乎”“至”“于”“及”“到”，均同其后的词或词组组成介宾结构，置于动词谓语之后，作补语。表示动作行为涉及的范围。

例 16：夫鹓鸲，发于南海而飞於北海。（《庄子 · 秋水》）

例 17：余虏走向落川，复相屯结。（《后汉书 · 段颎列传》）

例 18：骞因与其属亡乡月氏。（《汉书·张骞传》）

例 19：莫则傃东山而归。（苏轼《放鹤亭记》）

以上四例中的“於”“向”“乡”“傃”，均同其后的名词组成介宾结构。例 16、例 17、例 18 置于动词谓语之后，作补语；例 19 置于动词谓语之前，作状语。表示动作行为的趋向。

例 20：主人玄端爵韠，立于阼阶下，直东序西面。（《仪礼·士冠礼》）

例 21：敌以东方来。（《墨子·迎敌祠》）

例 22：项王、项伯东向坐；亚父南向坐。（《史记·项羽本纪》）

例 23：信乃解其缚，东乡坐，西乡对，师事之。（《史记·淮阴侯列传》）

例 24：今有满堂饮酒者，有一人独索然向隅而泣，则一堂之人皆不乐矣。（《说苑·贵德》）

例 20、例 21、例 24 中的“直”“以”“向”，同其后的词或词组组成介宾结构；例 22、例 23 中的“嚮”“乡”，同其前置宾语组成介宾结构，均置于动词谓语之前，作状语。表示动作行为的方位。

例 25：鲁道有荡，齐子由归。（《诗经·齐风·南山》）

例 26：子沿江而与之上下，我悉方城外以毁其舟。（《左传·定公四年》）

例 27：欲自武城还，循山而南。（《左传·昭公二十三年》）

例 28：遂旁海西至平原津而病，到沙丘而崩。（《论衡·纪妖》）

例 29：缘溪行，忘路之远近。（陶渊明《桃花源记并序》）

例 30：方其破荆州，下江陵，顺流而东也。（苏轼《前赤壁赋》）

以上六例中的“由”“沿”“循”“旁”“缘”“顺”，除例 25“由”的宾语省略外，其余的均与其后的名词组成介宾结构，置于动词谓语之前，作状语。表示动作行为沿循的路线。

二、原因、目的介词及其语法

原因目的介词是把表示原由、目的的名词、代词及其词组介绍给谓语的介词。

（一）表示原因的介词

表示原因的介词如“为”“以”“于”“因”“由”“自”“用”“缘”

“犹”“维”“於”“惟”“唯”“爰”“坐”等。

例 1：维子之故，使我不能餐兮！（《诗经·郑风·狡童》）

例 2：不忮不求，何用不臧？（《诗经·邶风·雄雉》）

例 3：国家之败，由官邪也。（《左传·桓公二年》）

例 4：天行有常，不为尧存，不为桀亡。（《荀子·天论》）

例 5：赵穿缘民众不说，起弑灵公。（《公羊传·宣公六年》）

例 6：屈平之作《离骚》，盖自怨生也。（《史记·屈原贾生列传》）

例 7：而吾以捕蛇独存。（柳宗元《捕蛇者说》）

例 8：业精于勤荒于嬉。（韩愈《进学解》）

以上各例中的介词，除例 2“用”的宾语前置外，其余的“维”“由”“为”“缘”“自”“以”“于”，均同其后的词或词组组成介宾结构。例 1、例 4、例 5、例 6、例 7 置于动词谓语之前；例 2 置于形容词谓语之前，作状语；例 8 置于形容词谓语之后，作补语；例 3 则在句中充当谓语，表示动作行为或某种情况产生的原因。

（二）表示目的的介词

表示目的的介词如“为”。

例 1：魏其锐身为救灌夫。（《史记·魏其武安侯列传》）

例 2：天下熙熙，皆为利来；天下攘攘，皆为利往。（《史记·货殖列传》）

例 3：始知文章合为时而著，歌诗合为事而作。（白居易《与元九书》）

以上三例中的“为”均同其后的词或词组组成介宾结构。例 1 置于动词谓语之后，作补语；例 2、例 3 置于动词谓语之前，作状语。表示动作行为的目的。

三、方式介词及其语法

方式介词是把表示凭借、依据、方式的名词、代词及其词组介绍给谓语的介词。

（一）表示依赖、借助的方式介词

表示依赖、借助的人或事物的介词例如“将”“以””用”“借”“於”“依”

“赖”“宁”“由”“仗”等。

例1：苏秦始将连横说秦惠王。（《战国策·秦一》）

例2：以子之矛陷子之盾，何如？（《韩非子·难一》）

例3：富人用金玉事主而来焉。（《管子·任法》）

例4：北方有侮臣者，愿借子杀之。（《墨子·公输》）

例5：鉴于水者见面之容，鉴于人者知吉与凶。（《史记·范睢蔡泽列传》）

例6：更始常依谢禄居，刘恭亦拥护之。（《后汉书·刘玄列传》）

例7：吾赖是以食吾躯。（刘基《卖柑者言》）

以上七例中的“将”“以”“用”“借”“於”“依”“赖”，均与其后的词或词组组成介宾结构。除例5的“於”置于动词谓语之后，作补语外，其余的均置于动词谓语之前，作状语。表示动作行为所依赖、借助的人或事物。这类介词译为现代汉语时，多译为“用”“靠”等。

（二）表示遵循准则或依据的方式介词

表示遵循准则或依据的介词例如“当”“因”“缘”“按”“随”“比”“以”“从”“如”“若”“由”“案”“本”“自”“繇”“有”等。

例1：及至文、武，各当时而立法，因事而制礼。（《商君书·更法》）

例2：明王之治天下也，缘法而治，按功而赏。（《商君书·君臣》）

例3：其设赏有薄有厚，其立禁有轻有重，迹行不必同，非故相反也，皆随时而变，因俗而动。（《管子·正世》）

例4：食之，比门下之客。（《战国策·齐策四》）

例5：立嫡以长不以贤。（《公羊传·隐公元年》）

例6：圣人从外知内，以见知隐也。（《淮南子·说山训》）

例7：如实论之，殆虚言也。（《论衡·书虚》）

以上七例中的“当”“因”“缘”“按”“随”“比”“以”“从”“如”，均同其后的词或词组组成介宾结构。例1、例2、例3、例6、例7置于动词谓语之前，作状语；例4、例5置于动词谓语之后，作补语。表示动作行为所遵循的准则、依据。这类介词译为现代汉语时，一般可译为“根据”“按照”等。

（三）表示借助时机的方式介词

表示借助时机的方式介词如“及”“因”“迨”“逮”“乘”“趁”等。

例1：彼众我寡，及其未既济也请击之。（《左传·僖公二十二年》）

例2：齐因孤国之乱，而袭破燕。（《战国策·燕一》）

例3：有司复曰：“请迨其未毕阵而击之。”（《公羊传·僖公二十二年》）

例4：愿君逮楚、赵之兵未至于梁，亟以少割收魏。（《史记·穰侯列传》）

例5：蒙勒前锋，亲枭就首，将士乘胜进攻其城。（《三国志·吴书·吕蒙传》）

例6：荒山野水照斜晖，啄雪寒鸦趁始飞。（韩愈《宿神龟招李二十八冯十七》）

以上六例中的“及”“因”“迨”“逮”“乘”“趁”，除例6的“趁”后省略宾语外，其余的均与其后的词或词组组成介宾结构，置于动词谓语之前，作状语，表示动作行为所借助的时机。这类介词译为现代汉语时，一般可译为“趁”“乘”等。

四、关涉介词及其语法

关涉介词是把表示对象、比较、排除、被动的名词、代词及其词组介绍给谓语的介词。

（一）表示对象的关涉介词

1. 介绍动作行为直接涉及的对象

介绍动作行为直接涉及的对象，即意念上的直接宾语。如“诸”“于”“当”“於”“乎”“之”“与”“用”“以”“由”“并”“虖”“将”等。

例1：虞、夏、商、周之胤，而朝诸秦。（《左传·成公十三年》）

例2：故不明于敌人之政不能加也。（《管子·七法》）

例3：当此，天下之君子皆知而非之，谓之不义。（《墨子·非攻上》）

例4：故明于天人之分，则可谓至人矣。（《荀子·天论》）

例5：敢问夫子恶乎长？（《孟子·公孙丑上》）

例6：单于既得翕侯，以为自次王，用其姊妻之，与谋汉。（《史记·匈奴列传》）

例7：先以书遗操，诈云欲降。（《资治通鉴》汉献帝建安十三年）

以上各例中的“诸”“于”“当”“於”“乎”“用”“以”，除例5“乎”的宾语前置外，其余的均与其后的词或词组组成介宾结构。例1、例2、例4置于动词谓语之后，作补语；例5、例6、例7置于动词谓语之前；例3置于句首，作状语，表示动作行为直接涉及的对象。这类介词译为现代汉语时往往不必译出，有的也可译为“把”“对于”。

2. 介绍动作行为旁及的对象

介绍动作行为旁及的对象，即意念上的间接宾语以及与动作行为有关的人或事物。如“用”“比”“为”“向”“诸”“于”“与”“对”“於”“由”“乎”“因”等。

例1：鸣谦，利用行师征邑国。（《周易·谦》）

例2：庖丁为文惠君解牛。（《庄子·养生主》）

例3：望洋向若而叹。（《庄子·秋水》）

例4：起矫命以责赐诸民。（《战国策·齐策四》）

例5：景公有爱女，请嫁于晏子。（《晏子春秋·杂下》）

例6：竖子不足与谋。（《史记·项羽本纪》）

例7：还至主人，对宾客叹息曰：“人亲卧地不收，涉何心乡此！”（《汉书·游侠传·原涉》）

以上各例中的“用”“为”“向”“诸”“于”“与”“对”，除例6的“与”后省略宾语外，其余的均同其后的词或词组组成介宾结构。例1、例4、例5置于动词谓语之后，作补语；例2、例3、例7置于动词谓语之前，作状语，表示动作行为旁及的对象。这类介词译为现代汉语时，多译为“给”“替”“同”等。

（二）表示比较的关涉介词

表示比较的关涉介词是介绍比较的对象，如“于”“於”“焉”“乎”“如”“之”“诸”“比”“虖”等。

例 1：古我先王将多于前功。（《尚书·盘庚下》）

例 2：季氏富于周公。（《论语·先进》）

例 3：人莫大焉亡亲戚君臣上下。（《孟子·尽心上》）

例 4：故人莫贵乎生。（《荀子·强国》）

例 5：人之困穷，甚如饥寒，故贤主必怜人之困也，必哀人之穷也。（《吕氏春秋·爱士》）

例 6：拨乱世反诸正，莫近诸《春秋》。（《公羊传·哀公十四年》）

例 7：今虽死乎此，比吾乡邻之死则已后矣，又安敢毒邪？（柳宗元《捕蛇者说》）

以上各例中的“于”“於”“焉”“乎”“如”“诸”“比”，均同其后的词或词组组成介宾结构。例 1、例 2、例 3、例 4、例 5、例 6 置于形容词谓语之后，作补语；例 7 置于形容词谓语之前，作状语。表示同事物的性状做比较的对象。这类介词译为现代汉语时，可译为“比”。

（三）表示被动的关涉介词

表示被动的关涉介词是介绍动作行为的主动者。如“於”“为”“与”“乎”“由”“自”“被”“用”等。

例 1：郤克伤于矢，流血至屦。（《左传·成公二年》）

例 2：兔不可复得而身为宋国笑。（《韩非子·五蠹》）

例 3：遂与勾践禽，死于干隧。（《战国策·秦五》）

例 4：王痍者何？伤乎矢也。（《公羊传·成公十六年》）

例 5：分裂天下，而封王侯，政由羽出，号为“霸王”。（《史记·项羽本纪》）

例 6：侯自我得之，自我捐之，无所恨。（《史记·魏其武安侯列传》）

例 7：亮子被苏峻害。（《世说新语·方正》）

以上各例中的“于”“为”“与”“乎”“由”“自”“被”，均同其后的名词组成介宾结构。例 1、例 4 置于动词谓语之后，作补语；其余各例均置于动词谓语之前，作状语，表示动作行为的主动者。这类介词一般可译为现代汉语的“被”“由”。

（四）表示排除的关涉介词

表示排除的关涉介词是介绍排除的对象。如“舍”“外”“非”“除”等。

例 1：如欲平治天下，当今之世，舍我其谁也？（《孟子·公孙丑下》）

例 2：身至亲矣，而弃之渊，外此其余无足利矣。（《淮南子·精神训》）

例 3：非刘豫州莫可以当曹操者。（《资治通鉴》汉献帝建安十三年）

例 4：除吾死外，当无见期。（袁枚《祭妹文》）

以上四例中的“舍”“外”“非”“除”，均同其后的词或词组组成介宾结构。例 1 置于名词谓语之前；例 2、例 3、例 4 置于动词谓语之前，作状语。表示排除的对象。这类介词译为现代汉语时，可译为“除了”。

第三节 古汉语中连词及其语法研究

用来连接词、词组、分句或句子，表示它们之间相互关系的词叫作连词。连词只有语法功能，没有词汇意义，不做句子成分，不能单独回答问题。连词按它所连接的各部分之间的关系，可分为并列连词、连贯连词、进层连词、选择连词、转折连词、让步连词、假设连词、条件连词、因果连词、目的连词、偏正连词等十一类。

一、并列连词及其语法

连接平等关系的词、词组或分句的连词称为并列连词。常用的词有“而”“以”“且”“与”“及”“既”“暨”等，有时还用“将”“若”“如”“于”“之”等词。除了“而”“既”等少数几个连词可以连接分句外，其余的一般多连接词或词组。[①] 例如：

例 1：河水清且涟猗。（《诗经·魏风·伐檀》）

例 2：宰予之辞，雅而文也。（《韩非子·显学》）

---

① 杨俭．古汉语假设连词辨析 [J]. 飞天，2011，（22）：118-119.

例 3：知远之近，知风之自，知微之显，可与入德矣。（《礼记·中庸》）

例 4：夷以近，则游者众；险以远，则至者少。（王安石《游褒禅山记》）

以上四例中的“且”“而”“之”“以”，均连接两个并列的形容词。

例 5：禹拜稽首，让于稷、契暨皋陶。（《尚书·舜典》）

例 6：公如大夫入，主人降。（《仪礼·乡饮酒礼》）

例 7：有退之之志若祭文在。（刘禹锡《唐故尚书礼部员外郎柳君集纪》）

以上三例中的“暨”“如”“若”，均连接两个并列的名词。

例 8：时惟尔初不克敬于和，则无我怨。《尚书·多方》）

例 9：吉日兮良辰，穆将愉兮上皇。（《楚辞·九歌·东皇太一》）

以上两例中的“于”“将”，连接两个并列的动词。

例 10：士不可以不弘毅，任重而道远。（《论语·泰伯》）

例 11：不得，不可以为悦；无财，不可以为悦。得之为有财，古之人皆用之，吾何为独不然？（《孟子·公孙丑下》）

例 12：知可以战与不可以战者，胜。（《孙子·谋攻篇》）

例 13：吕后妇人，专欲以事诛异姓王者及大功臣。（《史记·韩信卢绾列传》）

例 10 中的“而”连接两个并列的主谓词组。例 11 中的“为”连接两个并列的动宾词组。例 12 中的“与”连接两个并列的状中偏正词组。例 13 中的“及”连接两个并列的定中偏正词组。

例 14：相如曰：“秦强而赵弱，不可不许。”（《史记·廉颇蔺相如列传》）

例 15：既无叔伯，终鲜兄弟。（李密《陈情事表》）

例 14 中的“而”连接两个并列的分句；例 15 中的“既”同副词“终”相配合，连接两个并列的分句。

二、连贯连词及其语法

连接时间上先后相继、事理上先后相承的连词称为连贯连词。也称作承接连词。常用的词有“则”“而”“将”“而后”“于是”“因而”等，有时还用“故”“然”“安”“是”“兹”等。例如：

例 1：既阵而后击之，宋师败绩。（《左传·僖公二十二年》）

例 2：强本而节用，则天不能贫。（《荀子·天论》）

例 3：当若子之不事父，弟之不事兄，臣之不事君也，故天下之君子与谓之不祥者。（《墨子·天志中》）

例 4：譬如群兽然，一个负矢，将百群皆奔。（《国语·吴语》）

例 5：公曰："寡人固也。"于是赐封人麦丘以为邑。（《晏子春秋·内篇·谏上》）

例 6：如有地动，尊则振龙机发吐丸，而蟾蜍衔之。（《后汉书·张衡列传》）

例 7：事须差配，然付脚钱。（韩愈《论变盐法事宜状》）

例 1 中的"而后"、例 5 中的"于是"、例 6 中的"而"，均连接时间上先后相继的两个分句。例 2 中的"则"、例 3 中的"故"、例 4 中的"将"、例 7 中的"然"，均连接事理上先后相承的两个分句。

表示连贯关系的连词和起承接作用的副词有时不容易分清。它们之间的区别主要在于：从位置上看，连词多用在主语之前，在主语省略了的情况下，连词后也可补出主语；而副词则一般处于主语之后，在省略句中，补出的主语也只能放在副词前，不能放在副词后。从语法功能上看，副词不仅有关联作用，而且还有修饰、限制作用；连词则只起连接作用。例如：

例 8：匈奴左贤王将四万骑围广，广军士皆恐，广乃使其子敢往驰之。（《史记·李将军列传》）

例 9：天下事有难易乎？为之，则难者亦易矣；不为，则易者亦难矣。（彭端淑《为学一首示子侄》）

例 10：楚人亦惧王之入晋军也，遂出陈。（《左传·宣公十二年》）

例 11：居庙堂之高，则忧其民；处江湖之远，则忧其君。（范仲淹《岳阳楼记》）

例 8 中的"乃"用在主语"广"之后，除起连接作用外，还对动词"使"有修饰作用，是副词；例 9 中的"则"分别用在句子的主语"难者"和"易者"之前，只起连接作用，是连词；例 10 中的"遂"和例 11 中的"则"分别处在动词"出陈"和动词"忧"之前，它们的前面都没有出现主语，但是例 10 补出的主语"楚人"只能放在"遂"之前，而例 11 则可在"则"后补出主语"他们"，可见例 10 中的“遂”为关联副词，而例 11 中的“则”为连贯连词。

三、进层连词及其语法

连接有进一层关系分句的连词称为进层连词。常用的词有“况”“且”“矧”“而”“至”“兄”“何况”“而况”“且夫”“岂况”“而且”等。例如：

例 1：相彼鸟矣，犹求友声，矧伊人矣，不求友生？（《诗经・小雅・伐木》）

例 2：一夫不可狃，况国乎？（《左传・僖公十五年》）

例 3：以君之力，曾不能损魁父之丘，如太行、王屋何？且焉置土石？（《列子・汤问》）

例 4：余不满百，而皆扶病，不任干戈。（李陵《答苏武书》）

例 5：亲昆弟有过不违，而况疏远乎？（《商君书・赏刑》）

例 6：今天以吴赐越，越其可逆天乎？且夫君王蚤朝晏罢，非为吴邪？（《史记・越王勾践世家》）

例 7：才华不为妻子所容，何况行路？（《颜氏家训・文章》）

例 1 至例 4 中的单音连词“矧”“况”“且”“而”，例 5 至例 7 中的复音连词“而况”“且夫”“何况”，均用在后一分句句首，表示后一分句在意思上比前一分句更进了一层。其中对译为“何况”的进层连词，一般用在反问句中，且其句子大多为省略句。

四、选择连词及其语法

连接两个或两个以上的词、词组或分句表示选择的连词称为选择连词。其中有以下两种情况：

（一）在两种或两种以上情况中选择

在两种或两种以上情况中选择时，常用的词有“或”“将”“宁”“抑”“其”“且”“若”“如”“意”“妄”“亡其”等。除了“或”“若”“如”等可以连接词或词组外，其余的一般只可连接分句。例如：

例 1：安见方六七十如五六十，而非邦也者？（《论语・先进》）

例 2：愿取吴王若将军头，以报父之仇。（《史记・魏其武安侯列传》）

例 3：以田宅或金帛为抵当。（《宋史·王安石列传》）

例 4：子之义将匿邪？意将以告人乎？（《墨子·耕柱》）

例 5：王以天下为尊秦乎？且尊齐乎？（《战国策·齐四》）

例 6：南方之强与？北方之强与？抑而强与？（《礼记·中庸》）

例 7：宁与黄鹄比翼乎？将与鸡鹜争食乎？（《楚辞·卜居》）

例 1 中的“如”、例 2 中的“若”、例 3 中的“或”，均连接词或词组，一般对译为“或者”；例 4 中的“意”、例 5 中的“且”、例 6 中的“抑”、例 7 中的“宁”“将”，都是连接分句的，一般对译为“还是”。

（二）在衡量得失的两种情况中选择

常用的词有“宁”“与”“宁可”“无宁”“毋宁”“不如”“与其”等。它们经常置于前后分句中配合使用，也常同熟语“孰若”“不能”等相呼应。“宁”“宁可”“无宁”“毋宁”后的情况是要选取的，“与”“与其”后的情况是要舍弃的。例如：

例 1：礼，与其奢也，宁俭；丧，与其易也，宁戚。（《论语·八佾》）

例 2：且予与其死于臣之手也，无宁死于二三子之手乎？（《论语·子罕》）

例 3：且先君而有知，毋宁夫人，而焉用老臣？（《左传·襄公二十九年》）

例 4：与吾得革车千乘，不如闻行人烛过之一言。（《韩非子·难二》）

例 5：与其杀是僮，孰若卖之？（柳宗元《童区寄传》）

例 6：大丈夫宁可玉碎，不能瓦全。（《北齐书·元景安列传》）

例 1 的“与其”同“宁”配合使用，例 2 的“与其”同“无宁”配合使用，例 5 的“与其”与“孰若”配合使用，“与其”后的情况是要舍弃的，“宁”“无宁”“孰若”后的情况是要选取的；例 3 的“毋宁”表示选取的一面。例 4 的“与”同“不如”配合使用，“与”后的情况是要舍弃的，“不如”后的情况是要选取的，例 6 的“宁可”与“不能”配合使用，“宁可”后的情况是要选取的，“不能”后的情况是要舍弃的。

五、转折连词及其语法

连接前后意思相反或前后意思不同的分句的连词称为转折连词。这类连词可分为反转和它转两种。

（一）反转连词

反转连词是指连接的分句前后意思相反。常用的词有“然”，“而”“但”“顾”“抑”“则”“且”“以”“如”“第”“顾弟”等。例如：

例1：狄应且憎，是用告我。（《左传·成公十三年》）

例2：神农非高于黄帝也，然其名尊者，以适于时也。（《商君书·画策》）

例3：美则美矣，抑臣亦有惧也。（《国语·晋语九》）

例4：舟已行矣，而剑不行，求剑若此，不亦惑乎？（《吕氏春秋·慎大览·察今》）

例5：此在兵法，顾诸君不察耳。（《史记·淮阴侯列传》）

例6：公干有逸气，但未遒耳。（曹丕《与吴质书》）

例7：爱其子，择师而教之；于其身也，则耻师焉，惑矣。（韩愈《师说》）

以上例句中的“且”“然”“抑”“而”“顾”“但”“则”，都用在后一分句句首，表示前后两句意思相反。对译为“只是”的转折意思稍轻，对译为“但是”“然而”的转折意味较重。

（二）它转连词

它转连词是指表示在叙述一件事时，又转到另一件事上。常用的词有“乃”“若”“至”“若乃”“如其”“至于”“至如”“至若”“至乃”等。例如：

例1：方六七十如五六十，求也为之，比及三年，可使足民。如其礼乐，以俟君子。（《论语·先进》）

例2：皆古圣人也，吾未能有行焉；乃所愿，则学孔子也。（《孟子·公孙丑下》）

例3：今有一人，入人园圃窃其桃李，众闻则非之，上为政者得则罚之。此何也？以亏人自利也。至攘人犬豕鸡豚者，其不义又甚入人园圃窃桃李。（《墨子·非攻上》）

例4：故学数有终，若其义则不可须臾舍也。（《荀子·劝学》）

例 5：燕则吾请以从矣。若乃梁，则吾乃梁人也，先生恶能使梁助之耶？（《战国策·赵策三》）

例 6：何曰："诸将易得耳。至如信者，国士无双。"（《史记·淮阴侯列传》）

例 7：江湖未静，不可让位；至于邑土，可得而辞。（《三国志·魏书·武帝纪（注）》）

以上例句中的"如其""乃""至""若""若乃""至如""至于"，都用在分句句首，表示在叙述某一事时又转到另一事上。这类连词一般对译为"至于"。

六、让步连词及其语法

连接表示让步关系分句的连词称为让步连词。常用的词有"虽""纵""自""就""惟""从""无""唯""既""直""即""即使""正使""纵令"等。让步连词一般置于分句句首，有时也可置于主谓之间。例如：

例 1：虽小道，必有可观者焉。（《论语·子张》）

例 2：纵我不往，子宁不嗣音？（《诗经·郑风·子衿》）

例 3：从其有皮，丹漆若何？（《左传·宣公二年》）

例 4：公子即合符，而晋鄙不授公子兵而复请之，事必危矣。（《史记·魏公子列传》）

例 5：就与刘孙不平，不过令吾不作三公而已，何危害之有？（《三国志·魏书·辛毗传》）

例 6：丁掾，好士也，即使其两目盲，尚当与女，何况但眇？（《三国志·魏书·陈思王植传（注）》）

例 7：纵令公事不成，颎亦不辞灭族。（《资治通鉴》陈宣帝太建十三年）

以上各例中的让步连词，除例 4 中的"即"置于前一分句主谓之间外，其余各例中的"虽""纵""从""就""即使""纵令"，均置于前一分句句首。其中对译为"虽然"的，表示已成事实的让步；对译为"即使"的，表示未成事实的假设让步。

七、假设连词及其语法

连接表示假设关系分句的连词称为假设连词。常用的词有“苟”“即”“其”“如”“若”“使”“傥”“设”“脱”“党”“令”“当”“而”“苟”“假”“倘”“今”“向”“乡”“弟令”“设使”“若使”等。假设连词一般置于分句句首，有的也可置于主谓之间。例如：

例1：丘也幸，苟有过，人必知之。（《论语·述而》）

例2：设以齐取鲁，曾不必师，徒以言而已矣。（《公羊传·闵公二年》）

例3：虏多且近，即有急，奈何？（《史记·李将军列传》）

例4：今我在也，而人皆藉吾弟，令我百岁后，皆鱼肉之矣。（《史记·魏其武安侯列传》）

例5：党得削国，幸不死。（《汉书·武五子传》）

例6：百家杂说，或有不同，书傥湮灭，后人不见。（《颜氏家训·文章》）

例7：脱有不虞，召便可用，往无不获。（《魏书·崔延伯列传》）

例6的“傥”置于前一分句主谓之间；其余各例中的“苟”“设”“即”“令”“党”“脱”，均置于前一分句句首，表示假设条件。

八、条件连词及其语法

连接表示条件关系分句的连词称为条件连词。常用的词有“无”“一”“亡”“壹”“但”“饶”“任”“无论”等。有时条件连词同副词“皆”“也”等呼应。条件连词多置于主谓之间，有的也可置于主语之前。例如：

例1：君子无众寡，无小大，无敢慢。（《论语·尧曰》）

例2：此鸟不飞则已，一飞冲天；不鸣则已，一鸣惊人。（《史记·滑稽列传》）

例3：于是上遣使者分条中都官诏狱系者，亡轻重一切皆杀之。（《汉书·丙吉传》）

例4：地制壹定，宗室子孙莫虑不王。（贾谊《治安策》）

例5：今世士大夫，但不读书，即称武夫儿，乃饭囊酒瓮也。（《颜氏家训·诫兵》）

例6：三声欲断疑肠断，饶是少年今白头。（杜牧《猿》）

例7：任是深山更深处，也应无计避征徭。（杜荀鹤《山中寡妇》）

例1中的“无”、例4中的“壹”，置于前一分句主谓之间；其余各例中的“一”“亡”“但”“饶”“任”，均置于前一分句句首。对译为“只要”“一旦”的表示条件；对译为“不论”“无论”的表示无条件。

九、因果连词及其语法

因果连词是指连接表示原因或结果关系分句的连词。

（一）表示原因的因果连词

表示原因的连词有“因”“以”“唯”“为”“用”“由”“繇”“缘”“惟”“盖”“由于”等。例如：

例1：夫唯不争，故天下莫能与之争。（《老子·二十二章》）

例2：苏秦曰：“嫂，何前倨而后卑也？”嫂曰：“以季子之位尊而多金。”（《战国策·秦一》）

例3：因不忍见也，故于是复请至于陈而葬原仲也。《公羊传·庄公二十七年》）

例4：为其老，乃强忍，下取履。（《史记·留侯世家》）

例5：由所杀蛇白帝子，杀者赤帝子，故上赤。（《史记·高祖本纪》

例6：田中不得有树，用妨五谷。（《汉书·食货志上》）

例7：皆不可限以时月，缘土气有早晚，天时有愆伏。（《梦溪笔谈·药议》）

以上例句中的“唯”“以”“因”“为”“由”“用”“缘”，分别置于前一分句或后一分句，表示原因。表示原因的连词常与后一分句表示结果的连词“故”相呼应。

（二）表示结果的因果连词

表示结果的连词有“故”“以”“用”“所以”等。例如：

例1：彼竭我盈，故克之。（《左传·庄公十年》）

例2：余不听豫之言，以罹此难也。（《吕氏春秋·季秋纪·审己》）

例 3：邹之群臣曰："必若此，吾将伏剑而死。"固不敢入于邹。（《史记·鲁仲连邹阳列传》）

例 4：故宋飞六鹢，小事也，以有告而书之；晋灭三邦，大事也，以无告而阙之。用使巨细不均，繁省失中。（《史通·惑经》）

例 5：吾闻卫世子不肖，所以泣也。（《韩诗外传·二》）

以上例句中的"故""以""固""用""所以"，均用于后一分句句首，表示结果。

第四节　古汉语中助词及其语法研究

置于词、词组后，标志某种语法结构及其变化，或者补定音节使语句和谐匀称的词叫作助词。助词没有实在意义，不能作句子成分，不能单独回答问题。助词可分为标志助词和音节助词。

一、标志助词及其语法

标志助词用来标志某种语法结构及其变化，也称作结构助词。最常用的是"之"，此外还有"是""焉""实""为""所""而""以""已"等。

（一）标志领属与修饰关系的助词

1. 标志领属关系的助词

例 1：吾不能早用子，今急而求子，是寡人之过也。（《左传·僖公三十年》）

例 2：匪鸡则鸣，苍蝇之声。（《诗经·齐风·鸡鸣》）

例 3：匪东方则明，月出之光。（《诗经·齐风·鸡鸣》）

例 4：燕雀安知鸿鹄之志哉！（《史记·陈涉世家》）

以上四例中的"之""则"，标志其前的词或词组是领属后者的。如例 1 的"之"标志"过"是属"寡人"的。例 3 的"则"标志"明"是"东方"之"明"，"之"标志"光"是主谓词组"月出"的"光"。

2. 标志修饰关系的助词

例 1：无惛惛之事者，无赫赫之功。（《荀子·劝学》）

例 2：今媪尊长安君之位，封之以膏腴之地。（《战国策·赵四》）

例 3：毛先生以三寸之舌，强于百万之师。（《史记·平原君虞卿列传》）

例 4：卒相与欢，为刎颈之交。（《史记·廉颇蔺相如列传》）

以上四例中的“之”，标志其前的词或词组是修饰后者的。如例 1 中的“之”标志形容词“惛惛”“赫赫”分别修饰名词“事”“功”。例 4 中的“之”标志动宾词组“刎颈”修饰名词“交”。

3. 标志大范围与小范围关系的助词

例 1：先王之制，大都不过参国之一。（《左传·隐公元年》）

例 2：是故百战百胜，非善之善者也；不战而屈人之兵，善之善者也。（《孙子·谋攻》）

例 3：一岁三百六十五日四分日之一。（《周髀算经》）

例 4：马之千里者，一食或尽粟一石。（韩愈《马说》）

以上四例中“之”前指大范围，其后是指大范围中的部分，即小范围。如例 1 中“之”前的“参国”是指大范围，“之”后的“一”指小范围。例 4 中“之”前的“马”指大范围，“之”后的“千里者”指小范围。这类助词在对译时，一般要在“的”前加“中”字。

（二）标志定语后置的助词

例 1：蚓无爪牙之利，筋骨之强，上食埃土，下饮黄泉，用心一也。（《荀子·劝学》）

例 2：带长铗之陆离兮，冠切云之崔嵬。（《楚辞·涉江》）

例 3：安能以身之察察，受物之汶汶者乎？（《楚辞·渔父》）

例 4：鲸鹏之大，虾蟹之细，无不容归。（韩愈《祭鳄鱼文》）

以上四例中“之”后的形容词，均是“之”前名词的后置定语，对前者起修饰作用。如例 3 的“身之察察”“物之汶汶”实际上是“察察之身”“汶汶之物”的意思，“之”介于两者之间作为标志。这类助词不能译出。

（三）标志补充关系的助词

例 1：相守数年，以争一日之胜，而爱爵禄、百金，不知敌之情者，不仁之至也。（《孙子·用间》）

例 2：哭颜渊恸者，殊之众徒，哀痛之甚也。（《论衡·问孔》）

例 3：故曰忠厚之至也。（苏轼《刑赏忠厚之至论》）

以上三例中的助词“之”，分别用在谓语“仁”“哀痛”“忠厚”和补语“至”“甚”“至”之间，标志补充关系。这类助词可译为“得”“到”。

（四）标志取消句子独立性的助词

被取消了独立性的句子，或成为词组充当句子成分，或成为复句的一个分句。

例 1：臣之壮也，犹不如人，今老矣，无能为也已。（《左传·僖公三十年》）

例 2：皮之不存，毛将安傅？（《左传·僖公十四年》）

例 3：今吾欲变法以治，更礼以教百姓，恐天下之议我也。（《商君书·更法》）

例 4：孤之有孔明，犹鱼之有水也。（《三国志·蜀书·诸葛亮传》）

例 1 的“臣之壮也”成为主谓词组，作句子的时间状语；例 2 的“皮之不存”充当复句的分句；例 3 的“天下之议我”成为主谓词组，作谓语“恐”的宾语；例 4 的“孤之有孔明”“鱼之有水”成为主谓词组，分别作句子的主语和宾语。

（五）标志宾语前置的助词

为了突出提前了的宾语，往往用助词“是”“之”，有时用助词“焉”“为”等作为标志。还常常在宾语前用范围副词“惟（唯）”，构成“惟（唯）……是（之）……”的格式，用以强调动作对象的单一性。助词“为”一般要与助词“之”共同使用。例如：

例 1：皇天无亲，惟德是辅。（《尚书·蔡仲之命》）

例 2：率师以来，唯敌是求。（《左传·宣公十二年》）

例 3：寡君其罪之恐，敢与知鲁国之难？（《左传·昭公三十一年》）

例 4：宋何罪之有？（《墨子·公输》）

例 5：使奕秋诲二人弈，其一人专心致志，惟弈秋之为听。（《孟子·告子

上》)

例 6：唯仁之为守，唯义之为行。(《荀子·不苟》)

例 7：我周之东迁，晋、郑焉依。(《左传·隐公六年》)

以上各例中的“是”“之”“为”“焉”，均用在前置宾语和谓语之间，作为宾语前置的标志。其中例 5、例 6 中的“之”与“为”一起使用。宾语之前有范围副词“惟”“唯”的，表示强调动作对象的单一性。此类助词不能译出。

二、音节助词及其语法

音节助词多用在韵文、骈文中，散文也时有所用。其作用是补足音节，使语句和谐匀称。常用的有“之”“云”“抑”“于”“式”“载”“有”“曰”“聿”“独”“思”“逝”“於”“逝”“思”“越”“斯”等。此类助词不能译出。例如：

例 1：兄及弟矣，式相好矣，无相犹矣。(《诗经·小雅·斯干》)

例 2：我送舅氏，曰至渭阳。(《诗经·秦风·渭阳》)

例 3：春日载阳，有鸣仓庚。(《诗经·豳风·七月》)

例 4：乐郊乐郊，谁之永号？(《诗经·魏风·硕鼠》)

例 5：日云莫矣，寡君须矣，吾子其入也！(《左传·成公十二年》)

例 6：国危矣，若使烛之武见秦君，师必退。(《左传·僖公三十年》)

例 7：于思于思，弃甲复来！(《左传·宣公二年》)

以上各例中的助词，或用在句首，或用在句中，或用在句末，均起补足音节、使语句和谐匀称的作用。

第二篇　古汉语词组类语法研究

第四章　古汉语实词与实词组合语法研究

词组也称为短语，是由两个或两个以上的词按照一定的语法规则组合而成，并且在句子里充当一个成分的语言单位。换言之，从结构形式上看，词组是多个词的组合；从功能上看，词组在句子中作一个成分，起一个词的作用。本章主要围绕联合词组与偏正词组的语法运用、动宾词组与主谓词组的语法运用以及关涉词组的语法运用展开论述。

第一节　联合词组与偏正词组的语法运用

一、联合词组及其语法运用

联合词组是由表示并列、平等的两个或两个以上的词（或词组）联合组成。其间有的可以用连词连接。联合词组一般由名词、代词、形容词、动词及其词组组成，它们可在句中充当主语、谓语、宾语、定语和状语。例如：

例 1：天倾西北，故日月星辰移焉。（《淮南子・天文训》）

例 2：吾与汝毕力平险，指通豫南，达于汉阴，可乎？（《列子・汤问》）

例 1 中并列的名词“日月星辰”，例 2 中并列的代词“吾与汝”，均在句中充当主语。“吾”“汝”之间用连词“与”连接。[①]

例 3：季康子问：“使民敬、忠以劝，如之何？”（《论语·为政》）

例 4：天子、诸侯所亲者唯长子、母弟耳。（《穀梁传·襄公三十年》）

例 3 中并列的形容词“敬”“忠”“劝”充当兼语句的谓语，“忠”“劝”之间用连词“以”连接。例 4 中并列的偏正词组“长子”“母弟”充当句子的谓语。

例 5：许子以釜甑爨，以铁耕乎？（《孟子·滕文公上》）

例 6：老贼欲废汉自立久矣，徒忌二袁、吕布、刘表与孤耳。（《资治通鉴》汉献帝建安十三年）

例 5 中并列的名词“釜”“甑”充当介词“以”的宾语。例 6 中并列的专有名词“二袁”“吕布”“刘表”“孤”充当句子的宾语，“刘表”“孤”之间用连词“与”连接。

例 7：夫秦王有虎狼之心，杀人如不能举，刑人如恐不胜，天下皆叛之。（《史记·项羽本纪》）

例 8：江上往来人，但爱鲈鱼美。（范仲淹《江上渔者》）

例 7 中并列的名词“虎”“狼”，例 8 中并列的动词“往”“来”，分别作名词“心”和“人”的定语。

例 9：王日夜求壮士如周丘等，数称引吴楚反时计画，以约束。（《史记·淮南衡山王列传》）

例 10：边风、延笃先后为京兆尹，时人以辈前世赵、张。（《后汉书·循吏列传》）

例 9 中并列的时间名词“日”“夜”，例 10 中并列的方位名词“先”“后”，都在句中充当状语。

由两个或两个以上表示同一事物的词或词组组成的短语是复指短语。复指短语中的几个部分指同一事物，作句子中的同一成分。复指短语可归入联合词组中。例如：

---

① 陈志明．代词“之”“其”的共性与差异 [J]. 山西师大学报（社会科学版），2004，31（2）：123–126.

例 11：陈良之徒陈相与其弟辛，负耒耜而自宋之滕。（《孟子·滕文公上》）

例 12：齐、晋、秦、楚其在成周微甚。（《史记·十二诸侯年表序》）

例 13：项王乃谓海春侯大司马曹咎等曰："谨守成皋。"（《史记·项羽本纪》）

例 11 复指短语"陈良之徒"和"陈相"同指一个人，充当句子的主语；例 12 复指短语"齐、晋、秦、楚"和"其"同指四个国家，作句子的主语；例 13 复指短语"海春侯""大司马"和"曹咎"同指一个人，作句子的宾语。

二、偏正词组及其语法运用

偏正词组是由有偏正、主次关系的两部分组成的。其中有以下两种情况：

（一）修饰、限制名词的偏正词组

修饰、限制名词的偏正词组可以充当句子的主语、谓语、宾语、定语、状语和补语。例如：

例 1：十年春，齐师伐我，公将战。（《左传·庄公十年》）

例 2：无惛惛之事者，无赫赫之功。（《荀子·劝学》）

例 3：陈胜者，阳城人也。（《史记·陈涉世家》）

例 4：四海之内，靡不受获。（《史记·司马相如列传》）

例 5：同行十二年，不知木兰是女郎。（《乐府诗集·木兰诗》）

例 1 的"齐"限制名词"师"，它们充当句子的主语；例 2 的"惛惛""赫赫"分别修饰名词"事"和"功"，它们充当句子的宾语；例 3 的"阳城"限制名词"人"，它们作句子的谓语；例 4 的"四海"限制名词"内"，它们充当句子的状语；例 5 的"十二"修饰名词"年"，它们作动词"行"的补语，补充说明"行"的时间。

（二）修饰、限制或补充说明动词、形容词的偏正词组

修饰、限制或补充说明动词、形容词的偏正词组可以充当句子的主语、宾语、定语、状语和补语。例如：

例 1：知之为知之，不知为不知，是知也。（《论语·为政》）

例 2：多行不义，必自毙，子姑待之。（《左传·隐公元年》）

例 3：以益愈强之秦，而割愈弱之赵，其计固不止矣。（《战国策·赵三》）

例 4：其余凶党相率来降。（《旧唐书·李晟列传》）

例 5：适为虞人逐，其来甚速，幸先生生我。（马中锡《中山狼传》）

例 1 的“不”修饰动词“知”，它们充当句子的主语；例 2 的“不”修饰名词“义”，它们充当句子的宾语；例 3 的“愈”分别修饰形容词“强”“弱”，它们分别充当名词“秦”和“赵”的定语；例 4 的“相”修饰动词“率”，它们充当动词“来”的状语；例 5 的“甚”修饰形容词“速”，它们充当动词“来”的补语，补充说明“来”的时间。

第二节　动宾词组与主谓词组的语法运用

一、动宾词组及其语法运用

由两个或两个以上的词组成，分作两部分：前一部分是表动作行为的动词；后一部分是表动作行为所支配与关涉的对象的名词。两部分是支配与关涉关系。

（一）动宾词组的类型划分

动宾词组按宾语的位置分为一般动宾词组和宾语前置两类。

1. 一般动宾词组，例如：提刀；载宝；拱手；尽心力；上书；执策；应节；潜师；知之；誓之；悔之。一般动宾关系的宾语主要是名词、代词或名词性词组。

2. 宾语前置的动宾词组。宾词前置的动宾词组又分作两类：无语法标志的与有语法标志的。无语法标志的例如：何恃、何市、孰与、谁为、何以等；有语法标志的例如：何厌之有、德之不修、学之不讲等。①

（二）动宾词组的语法运用

动宾词组在句子中，主要作主语、谓语和宾语。作状语，视为活用。

① 鲁六．谈古汉语复音词的判断标准 [J]. 中州学刊，2006，（5）：294–296.

1. 作主语。例如：

例 1：知之为知之，不知为不知，是知也。（《论语・为政》）

例 2：施薪若一，火就燥也。（《荀子・劝学》）

以上例 1“知之”、例 2“施薪”为动宾词组作主语。

2. 作谓语。例如：

例 1：君子之任也，行其义也。（《论语・微子》）

例 2：阳货欲见孔子，孔子不见。（《论语・阳货》）

以上例 1“行其义”，动宾词组，是对“君子之任”的一种解释，属判断范畴，应是动宾词组作判断谓语；例 2“欲见孔子”，动宾词组（使动用法）作谓语。一般叙述句“主・谓・宾”在一个平面上，可以不视为动宾词组作谓语。

3. 作宾语。例如：

例 1：今至大为攻国，则不知非，从而誉之，谓之义。（《墨子・非攻》）

例 2：好从事而亟失其时，可谓知乎？（《论语・阳货》）

例 3：所谓故国者，非谓有乔木之谓，有世臣之谓也。（《孟子・梁惠王下》）

例 4：南江则极清澈，合处如引绳，不相乱。（陆游《过小孤山大孤山》）

以上例 1“攻国”、例 2“从事”、例 3“有乔木”“有世臣”，动宾词组作前置宾语、例 4“引绳”，动宾词组作普通宾语。①

二、主谓词组及其语法运用

由两个或两个以上的词组成，分作两部分：一部分是陈述的对象（主语部分）；另一部分是陈述（或描写）主语的（谓语部分）。主谓词组的谓语部分往往还包含宾语，因此，实质上，有的主谓词组就是一个单句，只是它在句子中作为一种句子成分出现，才降格而为词组。

（一）主谓词组的类型划分

主谓词组若从谓语部分的词性去划分，可分为动词谓语、形容词谓语等两大类；若从结构上去划分，也分为两类：“主＋谓”式和“主＋之＋谓”式。

---

① 许仰民．古汉语语法新编 [M]. 开封：河南大学出版社，2001.

1. 动词作谓语。例如：长铗归来；六国破灭；庄公即位；郑必知之；都城过百雉；小子鸣鼓而攻之；美之为美；师之出；臣之解牛；母之存否；他盗之出入；君之涉吾地；老之将至；其为人；其不能（为）；其可（为）；其入。

2. 形容词作谓语。例如：力不足；智力孤危；享祀丰絜；其糜；其几千里；子之迂；出入之迂，

（二）主谓词组的语法运用

主谓词组在句子中，主要作主语、谓语、宾语，也作定语和状语。

1. 作主语。例如：

例 1：都城过百雉，国之害也。（《左传·隐公元年》）

例 2：贡之不入，寡君之罪也，敢不共给？（《左传·僖公四年》）

例 3：昭王之不复，君其问诸水滨？（《左传·僖公四年》）

例 4：有是哉，子之迂也？（《论语·子路》）

以上例 4“子之迂”，在语序倒置句中，作主语，后置。

2. 作谓语。例如：

例 1：师之所为，郑必知之。（《左传·僖公三十二年》）

例 2：吾享祀丰絜，神必据我。（《左传·僖公五年》）

例 3：六国破灭，非兵不利，战不善，弊在赂秦。（苏洵《六国论》）

以上例 1“郑必知之”与“君其问诸水滨”均为主谓词组作谓语；例 2“享祀丰絜”主谓词组，作主谓词组“吾享祀丰”的谓语；“神必据我”，主谓词组，作全句的谓语；例 3“六国破灭”，主谓词组作主语，“兵不利”“战不善”，两个主谓词组（可视为联合词组）以及“弊在赂秦”分别在这个选择复句中作判断谓语。

3. 作宾语。例如：

例 1：天下皆知美之为美，斯恶矣；皆知善之为善，斯善矣。（《老子》）

例 2：人而无信，不知其可。（《论语·为政》）

例 3：屈平疾王听之不聪也，谗谄之蔽明也，邪曲之害公也。（《史记·屈原列传》）

以上例 3“王听之不聪”“谗谄之蔽明”“邪曲之害公”三个主谓词组结合

为联合词组，作动词谓语“疾”的宾语。

4. 作定语。例如：始臣之解牛之时，所见无非牛者。（《庄子·养生主》）

以上“臣之解牛”，主谓词组，作中心词“时”的定语。

5. 作状语。例如：岁寒，然后知松柏之后彫也。（《论语·子罕》）

以上“岁寒”，主谓词组，作句首状语，对全句作时间修饰。

第三节　关涉词组的语法运用

关涉词组由两个或两个以上的词和词组组成，分作两个部分；一部分是关涉的主体，一部分是关涉的对象，二者之间有结构助词“之”相连接，在句子中能独立作句子成分。因其语法意义主要表关涉，所以界定其为关涉词组。

一、关涉词组的类型划分

关涉词组起关涉作用的是介词，而该词组的介词只有两个：“于”和“与”。介词“于”所表语法意义是“对于”义，介词“与”所表语法意义是和、跟、同诸义。据关涉词组介词所表语法意义将其分为两类：表对象与表共同。

（一）表对象的关涉词组

关涉词组的介词“于”，表示话题所关涉的对象。例如：

例1：知其说者之于天下也，其如示诸斯乎？（《论语·八佾》）

例2：故曰，口之于味也，有同耆焉；耳之于声也，有同听焉；目之于色也，有同美焉。（《孟子·告子上》）

例3：是以人之于让也，轻辞古之天子，难去今之县令者，薄厚之实异也。（《韩非子·五蠹》）

例4：文辞于言，又其精也，尤择其善鸣者而假之鸣。（韩愈《送孟东野序》）

（二）表共同的关涉词组

关涉词组的介词“与”，表示与话题有共同关系的事物。例如：

例 1：献子之与此五人者友也，无献子之家者也。（《孟子·万章下》）

例 2：今秦之与齐也，犹齐之与鲁也。（《史记·张仪列传》）

例 3：形之与神，不得相异也。（范缜《神灭论》）

例 4：气之与言犹是也，气盛则言之短长与声之高下者皆宜也。（韩愈《答李翊书》）

二、关涉词组的语法运用

关涉词组具有同类词组的相同的语法作用。一方面表现在它有极强的组合能力；另一方面表现在它有极强的造句功能。

（一）组合能力的运用

关涉词组可以自己组成联合词组然后进入句子作句子成分。例如：

例 1：仁之于父子也，义之于君臣也，礼之于宾主也，知之于贤者也，圣人之于天道也，命也，有性焉，君子不谓命焉。（《孟子·尽心下》）

例 2：口之于味也，目之于色也，耳之于声也，鼻之于臭也，四肢之于安佚也，性也，有命焉，君子不谓性也。（《孟子·尽心下》）

例 3：麒麟之于走兽，凤凰之于飞鸟，太山之于丘垤，河海之于行潦，类也。（《孟子·公孙丑上》）

例 4：仁之与义，敬之与和，相反相成也。（《汉书·艺文志·诸子略》）

（二）语法功能的运用

关涉词组有极强的造句功能，它主要作句子的主语，还可以作判断谓语和宾语。例如：

例 1：夫非其行而诛其身，君之于臣也，非其行而陈其言，善谏不听，则远其身者，臣之于君也。（《韩非子·难一》）

例 2：其所以放其良心者，亦犹斧斤之于木也，旦旦而伐之，可以为美乎？（《孟子·告子上》）

例 3：今之于古也，犹古之于后世也。今之于后世，亦犹今之于古也。（《吕氏春秋·长见》）

例 4：如使口之于味也，其性与人殊，若犬马之与我不同类也，则天下何耆皆从易牙之于味也？（《孟子·告子上》）

例 5：吾比夫子，犹黄鹄与壤虫也。（《淮南子·道应训》）

以上例 1 关涉词组作判断谓语；例 2、3、4、5 关涉词组作宾语。

第五章　古汉语实词与虚词组合语法研究

实词与虚词的组合包括两种结构形式：“实+虚”式与“虚+实”式。“实+虚”有“者”字词组，“虚+实”有“所”字词组和介宾词组。一般语法书，多把二者视为“特殊指示代词”，而介词词组实词与虚词组合语法也起到重要作用。本章就围绕古汉语中“者”字词组的语法运用、古汉语中“所”字词组的语法运用以及古汉语中介宾词组的语法运用展开论述。

第一节　古汉语中“者”字词组的语法运用

作为结构助词，“者”能和动词、形容词、数词、象声词以及动词词组、形容性词组、主谓词组结合而为名词性的“者”字词组，表示动作行为的施动者。“者”字结构的结构形式有：“实+者”式、“词组+者”式以及“所……者”式。

一、“者”字词组的类型划分

结构助词“者”主要与实词中的动词，并同形容词、数词、象声词结合，也同词组结合，构成“者”字词组。

（一）“者”字与实词结合

1.“动+者”式。例如：

例1：往者不可谏，来者犹可追。（《论语·微子》）

例 2：子夏曰："可者与之，其不可者拒之。"（《论语·子张》）

例 3：子曰："隐者也。"（《论语·微子》）

以上为动词与"者"结合，表示行为的施动者。

2."形 + 者"式。例如：

例 1：仁者不忧，智者不惑，勇者不惧。（《论语·子罕》）

例 2：贤者识其大者，不贤者识其小者。（《论语·子张》）

例 3：智者千虑必有一失，愚者千虑必有一得。（《史记·淮阴侯列传》）

例 4：小者王，大者侯。（《汉书·高帝纪》）

以上是形容词与"者"结合，以性质、状态说明行为的施动者。

3."数 + 者"式。例如：

例 1：此五者，邦之蠹也。（《韩非子·五蠹》）

例 2：子贡曰："必不得已而去，于斯三者何先？"（《论语·颜渊》）

例 3：此数者，用兵之患也。（《资治通鉴·汉纪》）

以上为数词与"者"结合为"者"字词组。表一定的范围或方面。

（二）"者"字与词组结合

1."动宾 + 者"式。例如：

例 1：未闻好学者也。（《论语·雍也》）

例 2：齐谐者，志怪者也。（《庄子·逍遥游》）

例 3：仲尼之徒无道桓文之事者。（《孟子·梁惠王上》）

2."动词性偏正词组 + 者"式。例如：

例 1：是知其不可而为之者与？（《论语·宪问》）

例 2：公叔禺人遇负杖入保者息。（《礼记·檀弓》）

3."形容性偏正词组 + 者"式。例如：

例 1：子苟赦越国之罪，又有美于此者将进之。（《国语·越语》）

例 2：不如乡人之善者好之，其不善者恶之。（《论语·子路》）

例 3：择其善者而从之，其不善者而改之。（《论语·述而》）

例 4：夫物不产于秦，可宝者多。（李斯《谏逐客书》）

二、“者”字词组的语法运用

“者”字词组是具有名词性的语言单位，因而具有名词的组合能力。两个或两个以上的“者”字词组可以组成联合词组，其结构形式有：“～者＋～者”与“～者＋连＋～者”式。

“者”字词组能被名词、代词修饰，也能修饰名词，构成偏正词组，其结构形式：（前者为）“名（代）＋～者”式和“名＋之＋～者”式，（后者为）“～者＋名”式；“者”字词组还可以和介词结合，构成介宾词组，其结构形式为介＋～者”式。

（一）“者”字词组构成联合词组。例如：

例 1：吾闻君子务知大者、远者，小人务知小者、近者。（《左传·襄公三十一年》）

例 2：不为者与不能者之形何以异？（《孟子·梁惠王上》）

以上两例“者”字词组构成联合词组。例 2 用连词“与”连接。

（二）“者”字词组修饰中心词。例如：

例 1：是故智者之虑，必杂于利害。（《孙子. 九变》）

例 2：昔齐人有欲金者，清旦，衣冠而之市，适鬻金者之所，因攫其金而去。（《列子·说符》）

例 3：又颁赐有功者父母妻子于庙门外。（《吴子·励士》）

（三）“者”字词组与介词结合。例如：

例 1：子贡曰：“必不得已而去，于斯三者何先？”（《论语·颜渊》）

例 2：是时以大中丞抚吴者为魏之私人。（张溥《五人墓碑记》）

以上为“者”字词组与介词“于”“以”等结合为介宾词组，作句子成分。

第二节　古汉语中“所”字词组的语法运用

“所”字是一个结构助词，带有明显的指代性，一般表示动作涉及的对象，即受动者。“所”字往往被放在动词或动词词组之前，并与之相结合而成为名词性的“所”字词组。“所”字词组常见的结构形式有：“所 + 动”式、“所 + 动 + 名”式、“定 + 所 + 动”式以及“所 + 动 + 者”式。

一、“所”字词组的类型划分

结构助词“所”主要与动词结合，也与形容词、介词、结构助词“者”结合，成为“所”字词组。因此按它所结合的词类，把“所”字词组分为以下三类：

（一）“所”字与动词结合

“所”字主要与及物动词及动词词组结合，构成“所 + 动”式，表示动作行为的对象（处所）。可译作“……的人”“……的事物”。例如：

例 1：民无所依。（《左传·昭公三年》）

例 2：召而见之则所梦也。（《左传·昭公四年》）

例 3：舟车所至，人力所通，天之所覆，地之所载，日月所照，霜露所坠，凡有血气者，莫不尊亲。（《礼记·中庸》）

例 4：问女何所思，问女何所忆，女亦无所思，女亦无所忆。（《乐府诗集·木兰诗》）

（二）“所”与形容词结合

助词“所”还可以用在形容词前，与之组成“所 + 形”式“所”字词组。[①] 但是，凡同“所”结合的形容词均毫无例外地活用作了动词，这与“所”字只同动词相结合的语法特点是相统一的。例如：

---

① 宋曦. 古汉语“所”字结构的类型学考察 [J]. 学术交流，2016，（12）：166–170.

例 1：衣食所安，弗敢专也，必以分人。（《左传·庄公十年》）

例 2：杀所不足，争所有余，不可谓智。（《墨子·公输》）

（三）“所”与“者”结合

“所”又能同助词“者”构成“所……者”词组，指代受事者或对象，构成“所 + 动 + 者”式。该式的内部结构是“（所 + 动）+ 者”，“者”在这里只是语气助词。起提顿作用，也可以把“所 + 动 + 者”式看作“所 + 动”式。例如：

例 1：其所善者，吾则行之；其所恶者，吾则改之。（《左传·襄公三十一年》）

例 2：孟尝君曰：“视吾家所寡有者。”（《战国策·齐策》）

例 3：所爱者，挠法活之，所憎者，曲法诛之。（《史记·酷吏列传》）

例 4：聂政大呼，所击杀者数十人。（《史记·刺客列传》）

二、“所”字词组的语法运用

（一）“所”字词组的定语修饰

“所”字词组可以受名词、代词的修饰或限制，它所带的定语，往往是动作、行为的施动者，因此，将这类定语称为施动性定语。例如：

例 1：夺其所憎而与其所爱。（《战国策·赵策》）

例 2：夫处穷闾阨巷，困窘织屦，槁项黄馘者，商之所短也；一悟万乘之主而从车百乘者，商之所长也。（《庄子·列御寇》）

例 3：管仲之所大欲可得闻与？（《孟子·梁惠王上》）

例 4：管仲，曾西之所不为也。（《孟子·公孙丑上》）

例 5：故俗之所贵，主之所贱也；吏之所卑，法之所尊也。（晁错《论贵粟疏》）

“定·中”式偏正词组，中心词“所”字词组前往往要加结构助词“之”，即“定 + 之 + 所”式。

（二）“所”字词组作定语

“所”字词组虽然指代动同所涉及的对象，但是，它不能具体地指明什么人或什么事物，因此，它还需要带中心词加以说明。这样，“所”字词组与中心词从语义关系来说是同一关系，但从结构上来讲则是定语与中心词的关系。例如：

例 1：彼将夺其所谓不肖而予其所谓贤。（《故国策·赵策》）

例 2：仲子所居之室，伯夷之所筑与？抑盗跖之所筑与？所食之粟，伯夷之所树与？抑盗跖之所树与？是未可知也。（《孟子·滕文公下》）

例 3：光不敢以图国事，所善荆卿可使也。（《史记·刺客列传》）

例 4：独籍所杀汉军数百人。（《史记·项羽本纪》）

例 5：然而天下少安，何也？大国之王幼弱未壮，汉之所置傅相方握其事。（《汉书·贾谊传》）

例 6：食盗跖之所树粟，居盗跖之所筑室。（《论衡·刺孟》）

例 7：古所谓无形，盖无常形耳。（刘禹锡《天论》）

例 8：所操之术多异故也。（王安石《答司马谏议书》）

以上“所”字词组作定语的格式，有两种结构：“定·中”式和“定·之·中”式。其中，中心词多为名词或名词性词组。

“所”字结构及其所构成的偏正词组，在句子中可以作主语、判断谓语、宾语、定语等。例如：“其所憎”“其所爱”两偏正词组分别作动词“夺”的宾语；“商之所长”“商之所短”分别作判断谓语；“管仲之所大欲”，作主语；“籍所杀汉军”作定语；余仿此。

值得注意的是，“所”字词组一般来说是指动作的对象，但是，“所”同表“生”“养”之类的动词结合为“所”字词组时可表事物的施动者，而不是表受动者，例如《诗·小雅·小宛》：“夙兴夜寐，无忝尔所生”。“所生”即生身父母。“所养”“所母”与此同。[①]

① 邓盾．从语法化看上古汉语名词化标记“所”的句法位置与句法功能特异性 [J]. 清华大学学报（哲学社会科学版），2019，34（6）：140–158.

第三节　古汉语中介宾词组的语法运用

一、介宾词组的类型划分

从结构上来划分，介宾词组有以下三类：

（一）介词与宾语直接结合

该式是古代汉语介宾词组的主流，虽然古代汉语中的介词有三四十个，但介词所结合的宾语只是名词、代词以及名词性的各种词组。例如："于古""于石门""乎此时""乎其大者""以诸侯之师""为怨者""以所事孔子"等。

（二）无语法标志的介词宾语前置

古代汉语中介词宾语如果是疑问代词的，可以直接置于介词之前，构成"宾·介"式介宾词组。例如："何以""孰与""何为""恶乎"等。自然，也有少数疑问代词作介词宾语置于介词之后的，如，"以何"等。另外因强调宾语，普通宾语也可前置。如"秋以为期""一以（当十）"等。①

（三）有语法标志的介词宾语前置

古代汉语中介词宾语通过一定语法手段可以将其置于宾语之前，即将结构助词"是""之""斯"置于宾语与介词之间。如"不谷是为""戎狄之与"等。

二、介宾词组的语法运用

（一）介宾词组和动词结合

介宾词组和动词结合构成以动词为中心的"状（介宾）·中（动）"式、"述·补（介宾）"式两种偏正词组。如："以王命聚之""以铁耕"和"编之以发"等。

---

① 张萍．试论古汉语中的单纯连接词"是以"——兼与结果连词"是以"比较 [J]. 语言科学，2010，9（1）：73–79.

（二）介宾词组与形容词结合

和动词结合一样，介宾词组与形容词结合也构成“状·中（形）”式和“述（形）·补（介宾）”式两种偏正结构。如：“精于勤”“荒于嬉”等。

（三）介宾词组与名词或名词性词组结合

介宾词组中的“于”字词组、“与”字词组还可以与名词或名词性词组结合为“名+之+介宾+×”式的关涉词组。如“寡人之于国也”“献子之与此五人者”等。

第三篇　古汉语句子类语法研究

第六章　古汉语语序类语法运用

古汉语语序在句法、语义、语用三个不同语法层面上有不同的表现形式而表达不同的内容。古汉语句法层面的语序是对具体语言事实抽象的结果，语义层面的语序则要对动词进行“价”类分析，着眼于不同类动词的表层配置形式，语用层面的语序是根据不同的表达需要而呈现的动态的语法形式。本章重点论述古汉语中单句与复句的语法运用、古汉语中主谓倒置与状语前后置的运用以及古汉语中宾语前置与定语后置的运用。

第一节　古汉语中单句与复句的语法运用

一、古汉语中单句的语法运用

能够表达一个完整的意思的句子叫单句。单句也有主语、谓语不全的情况，省略句、无主句、独词句均属这一类。

（一）根据主语和谓语组成的单句

例 1：晋侯、秦伯围郑。（《左传・僖公三十年》）

例 2：贤哉，回也！（《论语・雍也》）

例 3：曾子以斯言告于子游。（《礼记・檀弓上》）

例 4：陈胜王。（《史记・陈涉世家》）

（二）根据单个词或其他结构组成的单句

例1：秋，大水。（《左传·桓公元年》）

例2：公将鼓之，刿曰“未可。”齐人三鼓，刿曰“可矣。”（《左传·庄公十年》）

例3：子曰：“参乎”！吾道一以贯之。”曾子曰：“唯。”（《论语·里仁》）

例4：神乎！神乎！至于无声。（《孙子·虚实篇》）

例5：噫！微斯人，吾谁与归？（范仲淹《岳阳楼记》）

例1中的时间状语“秋”和名词性偏正词组“大水”组成单句，主语没有出现，这种用法多见于对自然现象的描述；例2中的“未可”为状中结构；“可矣”是动词加语气词，它们各为一个单句，这是用在特定的对话环境中。例3中的“参乎”“唯”，由单个词组成单句，这是用在呼唤、问答句中。例4中的“神乎”，由形容词加语气词组成单句；例5中的“噫”，由一个叹词构成单句，均用在感叹句中。[①]

（三）根据谓语的性质分类

根据谓语的性质，单句可分为以下方面：

1. 动词谓语句

动词谓语句也称作叙述句。谓语由动词或动词词组组成。例如：

例1：民不畏死，奈何以死惧之。（《老子·七十四章》）

例2：今吾欲变法以治，更礼以教百姓，恐天下之议我也。（《商君书·更法》）

例3：晏子至，楚王赐晏子酒。（《晏子春秋·内篇·杂下》）

例4：范增起，沛公大惊。（《史记·项羽本纪》）

2. 形容词谓语句

形容词谓语句也称作描写句。谓语由形容词或形容词词组组成。例如：

① 白玉林，迟铎．古汉语语法 [M]．北京：中国社会科学出版社，2008.

例 1：农战之民日寡，而游食者愈众，则国乱而地削，兵弱而主卑。（《商君书·君臣》）

例 2：苛政猛于虎也。（《礼记·檀弓上》）

例 3：其文约，其辞微，其志洁，其行廉。（《史记·屈原贾生列传》）

例 4：伐竹取道，下见小潭，水尤清冽。（柳宗元《小石潭记》）

3. 名词谓语句

（1）名词谓语句也称作判断句。谓语由名词或名词性词组组成。这类句子在译为现代汉语时，主谓之间要加判断词“是”。例如：

例 1：虢，虞之表也。（《左传·僖公五年》）

例 2：君者，舟也；庶人者，水也。水则载舟，水则覆舟。（《荀子·王制》）

例 3：粟者，民之所种。（晁错《论贵粟疏》）

例 4：农，天下之本。（《史记·孝文本纪》）

例 5：予谓菊，花之隐逸者也；牡丹，花之富贵也；莲，花之君子者也。（周敦颐《爱莲说》）

以上各例均是名词及其词组作谓语，表示判断。例 1 的偏正词组“虞之表”后有语气词“也”煞尾；例 2 的名词“舟”“水”，前有“者”提顿，后有“也”煞尾；例 3 的偏正词组“民之所种”前有“者”提顿；例 4 的偏正词组“天下之本”未借助任何语气词，直接用在主语“农”后作谓语；例 5 的偏正词组“花之隐逸者”“花之富贵者”“花之君子者”，作充当宾语的主谓词组的谓语，后有语气词“也”煞尾。

（2）在先秦时期，常用动词“为”表示判断。例如：

例 1：夫执舆者为谁？（《论语·微子》）

例 2：尔为尔，我为我。（《孟子·公孙丑上》）

（3）在一个句子中，有用判断词“是”表示判断的。这种表示法，在汉以前极为少见，汉以后逐渐增多。例如：

例 1：客人不知其是商君也。（《史记·商君列传》）

例 2：此必是豫让也。（《史记·刺客列传》）

（四）根据单句的作用和语气分类

根据句子的作用和语气，单句可分为以下几种：

1. 陈述句

用来说明情况、陈述问题的句子称为陈述句。这类句子使用最多。例如：

例 1：孔子于乡党，恂恂如也，似不能言者。（《论语・乡党》）

例 2：其子趋而往视之，苗则槁矣。（《孟子・公孙丑上》）

例 3：齐人有冯谖者，贫乏不能自存。（《战国策・齐策四》）

例 4：寒暑易节，始一反焉。（《列子・汤问》）

2. 疑问句

用来提出问题的句子称为疑问句。根据疑问句的结构特点可分为以下方面：

（1）是非问。即问者提出问题，要求对方就“是”“非”“有”“无”给以明确答复的句子。这类句子问点在全句。例如：

例 1：治乱天邪？（《荀子・天论》）

例 2：孟尝君问：“冯公有亲乎？”（《战国策・齐策四》）

例 3：王闻燕太子丹入质秦欤？（《史记・樗里子甘茂列传》）

例 4：言出子口，入于吾耳，可以言未？（《三国志・蜀书・诸葛亮传》）

（2）特指问。即用疑问代词发问，要求对方就所问的内容进行回答的句子。这类句子的问点在疑问代词。例如：

例 1：是谁之过与？（《论语・季氏》）

例 2：安忠？忠王。安信？信赏。安敢？敢去不善。（《孙膑兵法・篡卒》）

例 3：圣王有百，吾孰法焉？（《荀子・非相》）

例 4：单伯者何？吾大夫之命乎天子者也。（《公羊传・庄公元年》）

3. 反诘问句

反诘问句是无疑而问的句子，不要求回答。这种句子是用否定的形式表示肯定的意思，或用肯定的形式表示否定的意思。这类句子中常使用反诘副词、进层连词等。例如：

例 1：欲加之罪，其无辞乎？（《左传・僖公十年》）

例2：子在，回何敢死？（《论语·先进》）

例3：死马且买之五百金，况生马乎？（《战国策·燕一》）

例4：燕雀安知鸿鹄之志哉！（《史记·陈涉世家》）

4. 祈使句

用来表示请求、命令、禁止、劝阻等意思的句子称为祈使句。例如：

例1：硕鼠硕鼠，无食我黍！（《诗经·魏风·硕鼠》）

例2：已而，已而！今之从政者殆而。（《论语·微子》）

例3：公子勉之矣，老臣不能从。（《史记·魏公子列传》）

例4：诚冀诸君肯哀怜之耳！（《后汉书·刘盆子列传》）

5. 感叹句

用来表示惊、喜、悲、叹等强烈感情色彩的句子称为感叹句。例如：

例1：逝者如斯夫！不舍昼夜。（《论语·子罕》）

例2：神乎！神乎！至于无声。（《孙子·虚实篇》）

例3：甚矣！汝之不惠。（《列子·汤问》）

例4：长为蛮夷之域，伤已！（李陵《答苏武书》）

有些单句从形式上看很复杂，中间有明显的停顿，甚至还包含有主谓词组，但从结构上来看仍是单句。例如：

例1：许子以釜甑爨，以铁耕乎？（《孟子·滕文公上》）

例2：臣闻昔汤武以百昌，桀纣以天下亡。（《战国策·楚策》）

例3：不以木为之者，文理有疏密，沾水则高下不平。（《梦溪笔谈》）

例1主语“许子”，两个并列的偏正词组“以釜甑爨，以铁耕”是句子的谓语部分；例2主语“臣”，谓语“闻”，两个并列的主谓词组“汤武以百里昌”“桀纣以天下亡”作句子的宾语；例3的“者”字结构“不以木为之者”是句子的主语部分，“木理有疏密，沾水则高下不平”是句子的谓语部分。

二、古汉语中复句的语法运用

由两个或两个以上在意义上有关联的单句联合起来，表达一个更加复杂而又完整的意思的句子叫作复句。组成复句的单句称为分句。

复句中各分句在意义上的联系主要靠它们本身所包含的内容来体现，有时复句的各分句之间往往使用起连接作用和表示其组合关系的关联词语，主要是连词和起关联作用的副词。

根据分句间意义关系的不同以及用来表达这种意义关系的关联词语的不同，把复句分为以下几种：

（一）并列复句

并列复句是指几个分句之间是并列平行关系。它们分别说明几件事、几种情况，或者一种情况的几个方面。分句间一般不用关联词，有时用“而”“既”“又”等连接。例如：

例 1：满招损，谦受益。（《尚书·大禹谟》）

例 2：贤者更礼，而不肖者拘焉。（《商君书·更法》）

例 3：天无私覆也，地无私载也，日月无私烛也，四时无私行也。（《吕氏春秋·孟春纪·去私》）

例 4：老翁逾墙走，老妇出门看。（杜甫《石壕吏》）

（二）连贯复句

连贯复句是指几个分句在时间上先后相继，事理上先后相承。各个分句的次序有先后之分，不能颠倒。分句间可以不用关联词，也可以用“而”“则”“乃”“遂”等连接。例如：

例 1：子墨子闻之，起于鲁。（《墨子·公输》）

例 2：一鼓作气，再而衰，三而竭。（《左传·庄公十年》）

例 3：楚人亦惧王之入晋军也，遂出陈。（《左传·宣公十二年》）

例 4：强本而节用，则天不能贫。（《荀子·天论》）

（三）进层复句

进层复句是指几个分句之间有一层进一层的关系。后一层意思是前一层意思的深化，分句间的次序不能颠倒。常用进层连词“且”“况”“而”“而况”“何况”等。例如：

例 1：公语之故，且告之悔。（《左传·隐公元年》）

例 2：一夫不可狃，况国乎？（《左传·僖公十五年》）

例 3：故善战者，立于不败之地，而不失敌之败也。（《孙子·形篇》）

例 4：千乘之君，求与之友，而不可得也，而况可召与？（《孟子·万章下》）

（四）选择复句

选择复句是指几个分句分列几种情况、几件事情，要求从中选择一项。这种复句多以疑问句的形式出现，一般要用选择连词“抑”“且”“孰与”“宁”“或”等。例如：

例 1：敢问天道乎？抑人故乎？（《国语·周语》）

例 2：王以天下为尊秦乎？且尊齐乎？（《战国策·齐策四》）

例 3：从天而颂之，孰与制天命而用之？（《荀子·天论》）

例 4：吾宁斗智，不能斗力。（《史记·项羽本纪》）

（五）转折复句

转折复句是指后一分句不是顺着前一分句的意思说下去，而是转到相反或不同的方面。常用转折连词“而”“然”“但”“则”“若”“乃”等。例如：

例 1：欲速则不达。（《论语·子路》）

例 2：神农非高于黄帝也，然其名尊者，以适于时也。（《商君书·画策》）

例 3：故学数有终，若其义则不可须臾舍也。（《荀子·劝学》）

例 4：愿为弟子久，但不取先生以白马为非马耳。（《公孙龙子·迹府》）

例 5：舟已行矣，而剑不行，求剑若此，不亦惑乎？（《吕氏春秋·慎大览·察今》）

（六）让步复句

让步复句是指前一分句先退让一步，后一分句再说出正意。前一分句一般用让步连词“虽”“即”“纵”“从”“纵令”等。例如：

例 1：纵我不往，子宁不嗣音？（《诗经·郑风·子衿》）

例 2：虽小道，必有可观者焉。（《论语·子张》）

例 3：从其有皮，丹漆若何？（《左传·宣公二年》）

例4：虽我之死，有子存焉。（《列子·汤问》）

例5：公子即合符，而晋鄙不受公子兵而复请之，事必危矣。（《史记·魏公子列传》）

（七）假设复句

假设复句是指前一分句提出假设，后一分句推论结果。前一分句一般用假设连词“如”“若”“使”“即”“假”“而”“令”等。例如：

例1：公子若反晋国，则何以报不穀？（《左传·僖公二十三年》）

例2：使骄且吝，其余不足观也已。（《论语·泰伯》）

例3：如知其非义，斯速已矣，何待来年？（《孟子·滕文公下》）

例4：其骑曰：“虏多且近，即有急，奈何？”（《史记·李将军列传》）

（八）条件复句

条件复句有两种情况：一种是前一分句提出条件，后一分句说明在这种条件下产生的结果，也称为“有条件句”；另一种是前一分句排除一切条件，后一分句说明在任何条件下都会产生同样的结果，也称为“无条件句”。

1. 有条件句

常用条件连词“一”“但”“但使”，副词“乃”“此”等。例如：

例1：必以长安君为质，兵乃出。（《战国策·赵四》）

例2：知物由学，学之乃知。（《论衡·实知》）

例3：此鸟不飞则已，一飞冲天；不鸣则已，一鸣惊人。（《史记·滑稽列传》）

例4：但使龙城飞将在，不教胡马度阴山。（王昌龄（《出塞》）

2. 无条件句

常用条件连词“无”“亡”“任”“无论”等。例如：

例1：百姓闻之，知与不知，无老壮皆为垂涕。（《史记·李将军列传》）

例2：无论鸟吏鳖官，皆考之。（《聊斋志异·于去恶》）

例3：任是深山更深处，也应无计避征徭。（杜荀鹤《山中寡妇》）

例 4：于是武帝遣使者分条中都官，诏狱系者亡轻重，一切皆杀之。（《资治通鉴》汉昭帝元平元年）

（九）因果复句

因果复句是指一个分句说明原因、理由；另一个分句推出结果、结论。这种分句的排列次序不像其他复句那样固定，有的是原因、理由在先，结果、结论在后；有的是结果、结论在先，原因、理由在后。常用因果连词“故”“以”“因”“为”“所以”等。例如：

例 1：晋侯、秦伯围郑，以其无礼于晋，且贰于楚也。（《左传·僖公三十年》）

例 2：为其老，强忍，下取履。（《史记·留侯世家》）

例 3：吾闻卫世子不肖，所以泣也。（《韩诗外传·二》）

例 4：余嘉其能行古道，作《师说》以贻之。（韩愈《师说》）

（十）目的复句

目的复句是指前一分句说明所采取的手段、措施，后一分句说明要达到的目的。常用连词“以”来连接。例如：

例 1：构木为巢，以避群害。（《韩非子·五蠹》）

例 2：以河内守亚夫为将军，军细柳，以备胡。（《史记·绛侯周勃世家》）

例 3：家贫，常为官佣书以供养。（《后汉书·班超列传》）

有些复句形式上像单句，中间没有明显的语音停顿，还省略了一些句子成分，但实际上是紧缩复句。紧缩复句就是用单句的形式表达了复句的内容。例如：

例 1：战则请从。（《左传·庄公十年》）

例 2：国治必强。（《商君书·开塞》）

例 3：至则无所用。（柳宗元《三戒·黔之驴》）

第二节　古汉语中主谓倒置与状语前、后置的运用

一、古汉语中主谓倒置的运用

主语在前，谓语在后，这是汉语中主语、谓语的一般语序，但是，为了修辞的需要，即有时为了突出谓语，便把谓语置于主语之前。这种语序主要用来表达强烈的感情，仔细分析，又有两种情况：用于感叹句或疑问句。[①]

（一）感叹句主谓倒置

1. 以下诸例是副词作谓语前置：

例 1：甚矣，鲁侯之淑，鲁侯之美也！（《左传·庄公十二年》）

例 2：亦太甚矣，先生之言也！（《战国策·赵策》）

例 3：甚矣，吾衰也？（《论语·述而》）

例 4：必也，正名乎？（《论语·子路》）

例 5：必也，使无讼乎？（《论语·颜渊》）

2. 以下诸例为形容词作谓语前置：

例 1：焕乎，其有文章！（《论语·泰伯》）

例 2：巍巍乎其有功！（《论语·泰伯》）

例 3：大哉，尧之为君也！（《论语·泰伯》）

例 4：贤哉，回也！（《论语·雍也》）

例 5：宜乎百姓之谓我爱也！（《孟子·梁惠王上》）

3. 以下是动词或动词性词组作谓语前置：

例 1：有是哉，子之迂也！（《论语·子路》）

例 2：惜乎！夫子之说君子也，驷不及舌。（《论语·颜渊》）

例 3：若是其靡也！（《礼记·檀弓》）

---

① 许仰民．古汉语语法新编 [M]．开封：河南大学出版社，2001.

4. 以下是名词作谓语前置：

例 1：君哉，舜也！（《论语 · 颜渊》）

例 2：仁夫，公子重耳！（《礼记 · 檀弓》）

主谓倒置，在感叹句中，谓语主要由副词、形容词、普通动词充当，间有名词谓语。主语主要有主谓词组、名词，间有偏正词组和动宾词组。这是因为副词多由状语位置前置，而形容词多由定语位置前置之故。

（二）疑问句主谓倒置

1. 以下是疑问代词作谓语，主语多是名词性的偏正词组、“者”字结构：

例 1：于人何所不容？（《论语 · 子张》）

例 2：何哉，尔所谓达者？（《论语 · 颜渊》）

例 3：谁与，哭者？（《礼记 · 檀弓》）

例 4：何哉，君所谓轻身以先于匹夫者？（《孟子 · 梁惠王下》）

2. 以下二例是动词谓语前置，主语是主谓词组：

例 1：若是其甚与？（《孟子 · 梁惠王上》）

例 2：若是其大与？（《孟子 · 梁惠王上》）

二、古汉语中状语前后置的运用

汉语的正常语序，是状语在谓语之前，紧贴谓语，补语在谓语之后，可在宾语之前，也可在宾语之后。但是，为了修辞的需要，状语的位置又可前置或后置。

（一）古汉语中状语前置

状语的一般位置是紧贴在谓语之前，但是，表时间、程度的状语常可置于句首。

1. 时间词作状语前置

例 1：初，郑武公娶于申，曰武姜。（《左传 · 隐公元年》）

例 2：四年，春，齐侯以诸侯之师侵蔡。（《左传 · 僖公四年》）

例 3：夏，楚子使屈完如师。（《左传 · 僖公四年》）

例 4：初既与余成言兮，后悔遁而有他。（《楚辞 · 离骚》）

例5：今天下三分，益州疲弊，此诚危急存亡之秋也。（《三国志·蜀书·诸葛亮传》）

例6：曩与吾祖居者……（柳宗元《捕蛇者说》）

例7：俄而巢至，举军大呼，声震河华。（《资治通鉴·唐纪》）

时间词作状语前置于句首，突出了时间修饰，使时间得到了强调，于是成为通例，遂被现代汉语所沿用。

2. 程度副词作状语前置

程度副词作状语，为了强调事物的程度，古代汉语中，有将其前置的，使其远离谓语中心词，甚至置于领属性定语之前。例如：

例1：汤武者，至天下之善禁者也。（《荀子·正论》）

例2：最其后，郎中骑杨喜，骑司马吕马童，郎中吕胜、杨武，各得其一体。（《史记·项羽本纪》）

例3：身与士卒平分粮食，最比其羸弱者。（《司马穰苴列传》）

例4：去病大为仲孺买田宅奴婢而去。（《汉书·霍光传》）

以上例1程度副词“至”，应还原在领属性定语“天下”之后，即“天下之至善禁者”；例2，例3两例的程度副词“最”，还原后，应在领属性代词“其”之后：“最其后——其最后”，“最比其羸弱者——比其最羸弱者”；例4程度副词“大”，应在介宾词组“为仲孺”之后，即“为仲孺大买……”。

前置状语，无论哪种情况，因均在谓语之前，故它们所充当的句子成分不变，仍作状语。

（二）古汉语中状语后置

状语后置有两种情况：一是介宾词组状语后置；二是其他状语后置。

1. 介宾词组状语后置

介宾词组在句中主要作状语或补语。一般而言，表凭借与方式以及表处所的介宾词组，它们用在谓语前作状语，用在谓语后作补语，比较随意。状语与补语是对待关系，它们的语法作用，因位置而异。其他介宾词组便不是这样。例如：

例 1：何不试之以足？（《韩非子·外储说左上》）

例 2：儒以文乱法，侠以武犯禁。（《韩非子·五蠹》）

例 3：祭以尉首。（《史记·陈涉世家》）

例 4：何以验之？验之以物。（《论衡·论死篇》）

以上是介宾词组的用例，其位置较自由，但是，无论在谓语前，或者在谓语后，译成现代汉语后，均在谓语前作状语。

例 5：我来自东，零雨其濛。（《诗·豳风·东山》）

例 6：朝发轫于苍梧兮，夕余至乎县圃。（《楚辞·离骚》）

例 7：口之宣言也，善败于是乎兴。（《国语·周语》）

例 8：祸自怨起，福由德兴。（《史记·文帝纪》）

例 9：褒于道病死，上闵惜之。（《汉书·王褒传》）

例 10：然而天下之端自秦始。（柳宗元《封建论》）

以上各例中，介宾词组处所、位置也比较自由。

介宾词组后置，还有一个值得注意的现象，就是疑问代词作宾语，表原因的介宾词组，后置后，介词自行脱落，疑问代词处于谓语位置，不便以介词省略处之，只能认定其为谓语。例如：

例 1：安陵君不听寡人，何也？（《战国策·魏策》）

其还原式为：

例 2：安陵君何以不听寡人？

为何会造成这种结果呢？因为语序的调整，必然引起句子结构的变化，“何以”后置后，处于谓语位置，介宾词组的语法特点限定其不能作谓语，这样，通过语言内部的自我结构调整功能，自动删去了介词“以”，疑问代词“何”才得以充当谓语。语言内部的自我调整功能，在其他地方，比如名词作状语方面，也有突出表现。

2. 普通状语后置

普通状语后置，又分为两类：数词状语后置、副词状语后置。这些状语后置之后，均作句子的谓语。

（1）数词状语后置，例如：

例 1：鲁仲连辞让者三，终不肯受。（《战国策·赵策》）

例 2：范增举所佩玦以示之者三。（《史记·项羽本纪》）

例 3：盖一岁之犯死者二焉。（柳宗元《捕蛇者说》）

例 4：后秦击赵者再，李牧连却之。（苏洵《六国论》）

以上例 1 还原后为："鲁仲连三辞让"；例 2 还原后为："范增三举所佩玦以示之"；例 3 还原为："盖一岁二犯死"；例 4 还原为："后秦再击赵"，数词由谓语位置均还原到状语位置，而语义不变。

（2）副词状语后置，例如：

例 1：由是观之，王之蔽甚矣！（《战国策·齐策》）

例 2：高祖离困者数矣。（《史记·留侯世家》）

例 3：其破秦必矣。（《史记·刺客列传》）

例 4：今国家尽制郡邑，连置守宰，其不可变也固矣！（柳宗元《封建论》）

以上例 1 还原为："王甚蔽矣"；例 2 还原为："高祖数离困矣"；例 3 还原为："其必破秦矣"；例 4 还原为："其固不可变矣"。后置作谓语的副词状语，均可还原至状语位置。前述主谓倒置中副词作谓语诸例与此同。只不过状语后置为谓语后，又前置，其所表达的感情更强烈罢了，例如《列子·汤问》：

甚矣，汝之不惠！

首次还原：汝之不惠，甚矣！

再次还原：汝甚不惠矣！

上述两级还原，与原句比较，可以明显看出，它们所表达的情感，分别为：最高级、比较级和一般地客观描述。

副词与数词状语后置，均需要一定的语法手段做帮助。数词状语后置后，它原先所在的主谓句或动词性词组之后，需要用语气助词"者"提顿，以等待下文，从而使数词谓语得到突出。"者"所提示的主谓句，遂降格为主谓词组，这类主谓词组同"者"所提示的动词性词组一样，作主语。副词状语后置后，其句型变化与此同。

第三节　古汉语中宾语前置与定语后置的运用

一、古汉语中宾语前置的运用

宾语前置，是古代汉语语序的重要特点之一，它包括动词宾语前置和介词宾语前置两种。

（一）动词宾语前置

动词宾语前置包括否定句代词宾语前置、疑问代词宾语前置、有结构助词“之”“是”“焉”“斯”“为”“之为”作标志的宾语前置和为了强调宾语而前置等四类。

1. 否定句代词宾语前置

否定句代词宾语前置，又可分为两种情况：一是有否定副词“不”“未”“弗”“无”（毋）的句子中，代词宾语前置；二是有否定性无指代词“莫”的句子中，代词宾语前置。

（1）有否定副词句代词宾语前置，例如：

例 1：我无尔诈，尔无我虞。（《左传·宣公十五年》）

例 2：居则曰：“不吾知也。”（《论语·先进》）

例 3：大国亦弗之从而受利。（《墨子·非攻》）

例 4：吾非不谏也，而不吾听也。（《史记·李斯列传》）

例 5：上未之奇也。（《史记·淮阴侯列传》）

例 6：自书典所记，未之有也。（《汉书·张衡传》）

（2）有否定性无指代词句代词宾语前置，例如：

例 1：三岁贯女，莫我肯顾。（《诗·魏风·硕鼠》）

例 2：莫余毒也已！（《左传·僖公二十八年》）

例 3：人莫之徙也。（《韩非子·外储说上》）

例 4：每自比管仲、乐毅，时人莫之许也。（《三国志·蜀书·诸葛亮传》）

例 5：然则物之甚可憎，莫王孙若也。（柳宗元《憎王孙文》）

以上各例，否定性无指代词前，一般均有先行词。如例 1“女”、例 3“人”、例 4“时人”、例 5“物”等。

否定句代词宾语前置，是古代汉语语法的常例，但是，也偶有不前置的，其中有“弗”“勿”的否定句以不前置为常。例如：①

例 1：知我者谓我心忧，不知我者谓我何求？（《诗·王风·黍离》）

例 2：客绝水而来，勿迎之于水内，令半济而击之，利。（《孙子·行军》）

例 3：虽与之俱学，弗若之矣。（《孟子·告子上》）

例 4：吕禄以为郦况不欺已。（《史记·吕太后本纪》）

例 5：莫知我也夫。（《史记·孔子世家》）

随着时间的推移，汉语语法也在不断发展，否定句代词宾语后置的格式，逐渐取代了前置的格式，并被人们接受，成了现代汉语语法规范。

2. 疑问代词宾语前置

例 1：皮之不存，毛将安傅？（《左传·僖公十四年》）

例 2：吾谁敢怨？（《左传·昭公二十七年》）

例 3：内省不疚，夫何忧何惧？（《论语·颜渊》）

例 4：卫君待子而为政，子将奚先？（《论语·子路》）

例 5：圣王有百，吾孰法焉？（《荀子·非相》）

疑问代词宾语前置，是古代汉语的常例，但是，也有不前置的变例。例如：

例 1：诸将云何？（《汉书·张陈王周传》）

例 2：其义云何？（范缜《神灭论》）

3. 有结构助词标志的宾语前置

可以做宾语前置的标志的结构助词，古代汉语中有“之”“是”“焉”“斯”“为”“之为”等。又分为两种情况：一是“宾 + 助 + 动”式；二是“唯 + 宾

① 朱德熙 . 现代汉语语法研究 [M]. 北京：商务印书馆，1980.

+助+动”式。

（1）“宾+助+动”式，例如：

例1：朋酒斯飨，曰杀羔羊。（《诗·豳风·七月》）

例2：我周之东迁，晋郑焉依。（《左传·隐公六年》）

例3：君亡之不恤，而群臣是忧，惠之至也。（《左传·僖公十五年》）

例4：我周之东迁，晋郑焉依。（《左传·隐公六年》）

例5：宋何罪之有？（《墨子·公输》）

例6：故人苟生之为见，若者必死；苟利之为见，若者必害。（《荀子·礼论》）

例7：武骂律曰：“汝为人臣子，……为降虏于蛮夷，何以女为见？”（《汉书·苏武传》）

以上从例1～7各句中作宾语前置标志的结构助词分别是：“斯”“焉”“之”“是”“之有”“之为”“为”等。

（2）“唯+宾+助+动”式，例如：

例1：率师以来，唯敌是求。（《左传·宣公十二年》）

例2：去我三十里，唯命是听。（《左传·宣公十五年》）

例3：当臣之临河持竿，心无杂虑，唯鱼之念。（《列子·汤问》）

例4：唯仁之为守，唯义之为行。（《荀子·不苟》）

例5：使弈秋诲二人弈，其一人专心致志，唯弈秋之为听。（《孟子·告子上》）

例6：唯陈言之务去。（韩愈《答李翊书》）

以上“唯+宾+助+动”式中，“唯”是表范围的副词，强调对象的唯一性。结构助词大致与“宾·助·动”式同。

4. 强调宾语而前置

古代汉语中，为了强调宾语，还可以直接将它置于谓语动词前，而不加任何语法标志，这种格式，有普通宾语，也有代词宾语。例如：

例1：今命尔予翼。（《尚书·蔡仲之命》）

例2：肉食者鄙，未能远谋。（《左传·庄公十年》）

例 3：樊哙曰："臣死且不避，卮酒安足辞？（《史记·项羽本纪》）

例 4：松子久吾欺。（曹子建《题白马王彪》）

（二）介词宾语前置

介词宾语前置与动词宾语前置类似，也分四种情况：疑问代词宾语前置，有助词"之""是"等助词为标志的宾语前置，为了强调宾语而前置，方位、时间名词作宾语前置等。

1. 疑问代词宾语前置

例 1：乃入见，曰："何以战？"（《左传·庄公十年》）

例 2：曷为久居此围城之中而不去也？（《战国策·赵策》）

例 3：百姓足，君孰与不足？（《论语·颜渊》）

例 4：水奚自至？（《吕氏春秋·贵直》）

例 5：学恶乎始？恶乎终？（《荀子·劝学》）

例 6：何由知吾可也？（《孟子·梁惠王上》）

例 7：何为纷纷然与百工交易？（《孟子·滕文公上》）

古代汉语的疑问代词作介词宾语，以前置为常，但是，也有后置的，只是（在先秦）较为少见而已。例如：

例 1：所谓伊人，于焉逍遥？（《诗·小雅·白驹》）

例 2：晋师退，军吏曰："为何退？"（《史记·晋世家》）

例 3：以何验之？（《论衡·无形篇》）

2. 语法标志的宾语前置

例 1：齐侯曰："岂不谷是为？先君之好是继。"（《左传·僖公四年》）

例 2：康公我之自出。（《左传·成公十三年》）

例 3：叔仲昭伯曰："我楚国之为，岂为一人行也！"（《左传·襄公二十八年》）

3. 为强调宾语而前置

例 1：先君若问与夷，将何辞以对？（《左传·隐公三年》）

例 2：谚所谓室于怒而市于色者，楚之谓矣。（《左传·昭公十九年》）

例 3：其一二父兄惧坠宗主，私族于谋，而立长亲。（《左传·昭公十九年》）

例 4：吾道一以贯之。（《论语·里仁》）

例 5：汝颍以为险，江汉以为池。（《荀子·议兵》）

例 6：蛹以为母，蛾以为父。（《荀子·赋篇》）

例 7：仲尼之徒，无道桓文之事者，是以后世无传焉。（《孟子·梁惠王上》）

例 8：楚战士无不一以当十。（《史记·项羽本纪》）

从以上诸例可见，这类句子的介词，主要是“以”和“与”，而宾语有名词、代词、数词以及偏正词组，这些宾语均由于前置而得到了加强。

4. 方位、时间名词作介词宾词前置

方位名词、时间名词作介词的宾语，在古代汉语中往往前置，以示强调。例如：

例 1：日居月诸，东方自出。（《诗·邶风·日月》）

例 2：将子无怒，秋以为期。（《诗·卫风·氓》）

例 3：其有不合者，仰而思之，夜以继日。（《孟子·离娄下》）

例 4：沛公北向坐，张良西向侍。（《史记·项羽本纪》）

例 5：有鸟赤首乌翼，大如鹄，方东向立。（柳宗元《游黄溪记》）

以上诸例中“夜”“秋”，时间名词；“北”“东”“西”，方位名词，“东方”，偏正词组。

二、古汉语中定语后置的运用

古代汉语的定语后置，归纳起来有七种形式。这七种形式均可以用还原性原则律之，即这些后置定语，通过一定的语法手段，均可还原至定语的位置，而句子的基本意思不变。

（一）“A+ 之 +B”格式

“A+ 之 +B”格式中心词 A 与后置定语之间有助词“之”。例如：

例 1：带长铗之陆离兮，冠切云之崔嵬。（《楚辞·九章》）

例 2：蚓无爪牙之利，筋骨之强，上食埃土，下饮黄泉，用心一也。（《荀

子·劝学》）

例3：云霞雕色，有踰画工之妙；草虫贲花，无待锦匠之奇。（刘勰《文心雕龙·原道》）

例4：由其中以望，则山之高，云之浮，溪之流，鸟兽之遨游，举熙熙然回巧献计，以效兹丘之下。（柳宗元《钴鉧潭西小丘记》）

以上例1“长铗之陆离”即“陆离之长铗”，“切云之崔嵬”即“崔嵬之切云”；例2、3、4的还原与例1同。从中可见，该式的定语，不是形容词（如“陆离”“崔嵬”“利”“强”“奇”“妙”“高”等），便是动词（如“浮”“流”“遨游”等）。

（二）“A+B+者”格式

“A+B+者”格式定语置于中心词后，再用“者”煞尾。例如：

例1：杞国人有忧天地崩坠身无所寄废寝食者。（《列子·天瑞》）

例2：吾固知齐军怯，入吾地三日，士卒亡者过半。（《史记·孙子吴起列传》）

例3：求人可使报秦者。（《史记·廉颇蔺相如列传》）

例4：其故人尝与人佣耕者闻之。（《史记·陈涉世家》）

例5：今成皋、陕西大涧中，立土动及百尺，迥然耸立。亦雁荡具体而微者。（沈括《雁荡山》）

例6：村中少年好事者。（《聊斋志异·促知》）

以上该式后置定语，只要将助词“者”改为助词“之”，便可以恢复至定语位置上去，而句子的基本意思不变。例1“人有忧天地崩坠，身无所寄，废寝食者”，还原后为“有忧天地崩坠，身无所寄，废寝食之人”。余类推。

“A+B+者”式中的定语，不外三种：形容词，如“好”；动词，如“亡”；动词性词组。动词性词组情况就较复杂些。有动宾词组，如“好事”“可使报秦”；也有偏正词组，如“尝与人佣耕”；有联合词组，如“具体而微”。“具体”，动宾词组，具有形体之意，由连词“而”与形容词“微”连接，构成联合词组。这些词组，有的结构简单，有的结构复杂。

（三）A+ 之 +B+ 者”格式

A+ 之 +B+ 者”格式，例如：

例 1：人之涂其体、被濡衣而赴火者，……（《韩非子·内储说上》）

例 2：孟子曰：“伯夷，圣之清者也；伊尹，圣之任者也；柳下惠，圣之和者也；孔子，圣之时者也。（《孟子·万章下》）

例 3：马之千里者，一食或尽粟一石。（韩愈《马说》）

例 4：于是集谢庄少年之精技击者而诏之。（徐珂《清稗类钞·冯婉贞》）

从以上诸例中可见，“A+ 之 +B+ 者”式中的定语，除了由形容词、动词以及动词性词组充当外，还有数量词，如“千里”。这种格式中的定语，与“A+B+者”式一样，只要把助词“者”换成助词“之”，便可以还原至中心词之前，而不改变句子的基本意思，A 与 B 之间的助词“之”随之消失。如例 3“马之千里者”，还原后为“千里之马”。余类推。

通过上述比较，可见，“A+ 之 +B+ 者”式中，有些句子可以看作是“A+B+者”式的扩展，即在 A 与 B 之间加上助词“之”。比如“A+B+ 者”式中的“村中少年好事者”，可以扩展成“村中少年之好事者”，句子的基本意思与原句同。反之，又可把“A+B+ 者”式看作是“A+ 之 +B+ 者”式的紧缩。如“谢庄少年之精技击者”，可减去助词“之”，变作“谢庄少年精技击者”，句子的基本意思也不变。只是“A+ 之 +B+ 者”式与“A+B+ 者”式，两相比较，多了个助词“之”，后置定语更显得突出罢了。

“A+ 之 +B+ 者”式不能减去助词“者”而变作“A+ 之 +B”式。例如：“A+之 +B+ 者”式的“马之千里者”，如果减去助词“者”而为“马之千里”，语义就发生了变化，不是“马中能行千里的”“千里马”这个意思了。由于去掉了助词“者”，句子的结构关系起了变化，助词“之”变成了动词，成了“马至千里”，便与原义大相径庭了。

“A+ 之 +B”与“A+B+ 者”两式，虽然仅是两个助词之差，但是，助词“之”与“者”二者不能互换，两式也不能结合。以“A+ 之 +B”式的“爪牙之利”为例，它既不能改作“爪牙利者”，也不能改为“爪牙之利者”，因为二者均非“爪牙之利”的意思。“爪牙利者”，指的是爪牙锋利的动物；“爪牙之利者”，是爪牙中锋利的，指的是爪牙。

从表面而言，“A+ 之 +B+ 者”式，似乎兼有“A+B+ 者”式和“A+ 之 +B”式二者的结构形式，这三种格式中的定语大都是形容词、动词以及动词性词组。但是，无论从形式或者从内容上看，“A+ 之 +B+ 者”式、“A+B+ 者”式和“A+ 之 +B”式，是三种不同的结构形式。因此，这三种结构形式是不能混为一谈的，各自都有独立的意义和功能。

（四）“A+ 有 +B+ 者”格式

“A+ 有 +B+ 者”格式的中心词与后置定语之间有动词“有”，最后用“者”煞尾。例如：

例 1：宋人有耕者。（《韩非子・五蠹》）

例 2：楚人有涉江者。（《吕氏春秋・察今》）

例 3：宋人有善为不龟手之药者。（《庄子・逍遥游》）

例 4：王之臣有托其妻子于其友而之楚游者。（《孟子・梁惠王下》）

例 5：宋人有悯其苗之不长而揠之者。（《孟子・公孙丑上》）

例 6：生亦我所欲，所欲有甚于生者，故不为苟得。（《孟子・告子上》）

上述例子中，“A+ 有 +B+ 者”式中的定语，主要是由名词、动词以及动词词组充当。就动词词组而论，它又包括动宾词组，如“涉江”等；复杂的动词词组就包括了不同层次的不同关系。例 4 的“托其妻子于其友而之楚游”，是个外层为连动关系的连动词组。动词“托”带有偏正词组宾语“其妻子”和介宾词组补语“于其友”；“其妻子”又是联合词组“妻子”与第三人称代词“其”构成的偏正词组；“于其友”，是偏正词组“其友”和介词“于”构成的介宾词组；“之楚游”是述补词组“之楚”与动词“游”构成的连动词组。例 6“甚于生”，“甚”，副词作谓语，后带“于生”这个介宾词组作补充成分，构成述补式偏正词组，至于例 3“善为不龟手之药”，从外层看，也属于动宾词组的范畴。

（五）“A+ 而 +B+ 者”格式

“A+ 而 +B+ 者”格式的后置定语与中心词之间有个连词“而”，最后用助词“者”煞尾。例如：

例 1：有一言而可终身行之者乎？（《论语·卫灵公》）

例 2：老而无妻曰鳏，老而无夫曰寡，老而无子曰独，幼而无父曰孤。此四者，天下之穷民而无告者。（《孟子·梁惠王下》）

例 3：缙绅而能不易其志者，四海之大，有几人欤？（张溥《五人墓碑记》）

上述各例中“A+ 而 +B+ 者”式的定语，大多为动词或动词性词组。在结构上，它和“A+B+ 者”式仅一字之差，仅多了个连词“而”（有的语法书称它作助词），删去“而”，其结构即与“A+B+ 者”式相同，句子的基本意思也不变。但是，细玩句意，有无“而”字，在感情和语气的表达上有着较显著的区别。这是修辞问题，此从略。

（六）“A+ 其 +B+ 者”格式

“A+ 其 +B+ 者”格式的中心词 A 后跟人称代词“其”，然后接后置定语 B，再用“者”煞尾。例如：

例 1：凡富贵之子，慷慨得志之徒，其疾病而死，死而湮没不足道者，亦已众矣！（张溥《五人墓碑记》）

该句的后置定语是个顶针式的连动词组。人称代词“其”，复指中心语“富贵之子，慷慨得志之徒”，作主谓词组“其疾病而死，死而湮没不足道”的主语。还原后为“其疾病而死，死而湮没不足道之富贵之子，慷慨得志之徒”，“其”遂转为指示代词作定语，当“那些”讲。

（七）“A+B”格式

“A+B”格式，中心词后跟数词或数量词定语。例如：

例 1：不稼不穑，胡取禾三百廛兮。（《诗·魏风·伐檀》）

例 2：郑商人弦高将市于周，遇之，以乘韦牛十二犒师。（《左传·僖公三十三年》）

例 3：冉子与之粟五秉。（《论语·雍也》）

例 4：吏二缚一人诣王。（《晏子春秋·杂篇》）

例 5：项羽兵四十万，在新丰鸿门。（《史记·项羽本纪》）

上述格式中，数词或数量词作定语，置于中心词之后，这种用法起源很早，在先秦，就较普遍，尤其是数词定语后置，在甲骨文中，就不乏其例，足见其源远流长。

中心词后还有以短语或句子形式出现的后置定语，如：

例 6：而李园女弟初幸春申君有身而入之王所生子者逐立，是为楚幽王。（《史记·春申君列传》）

“初幸春申君有身而入之王”修饰“李园女弟”，说明她的历史情况和楚幽王的来历。

第七章　古汉语省略句类语法运用

省略是汉语从古以来就有的一种语法现象。观察汉语的发展历史可以发现，每个时期的汉语都显示着一定的省略规则。本章重点探讨古汉语中主谓宾语的语法省略、古汉语中介词的语法省略以及古汉语中对话结构的语法省略。

第一节　古汉语中主谓宾语的语法省略

一、古汉语中的主语省略

主语省略，是古代汉语比较常见的语言现象。这是因为古代汉语的第三人称代词“其”，一般不能独立作句子的主语，因而当名词作主语时，为了避免重复，常常略而不用。主语省略，又分对话省略，书信、文告第一人称省略，承前省略和蒙后省略等。[①]

（一）对话省略

例 1：公曰：“衣食所安，弗敢专也，必以分人。”[ ] 对曰：“小惠未徧，民弗从也。”公曰：“牺牲玉帛，弗敢加也，必以信。”[ ] 对曰：“小信未孚，神弗福也。”公曰：“小大之狱，虽 [ ] 不能察，[ ] 必以情。”[ ] 对曰：“[ ] 忠

① 许仰民 . 古汉语语法新编 [M]. 开封：河南大学出版社，2001.

之属也，[ ] 可以一战。”[ ] 战则请 [ ] 从。（《左传·庄公十年》）

例 2：左师公曰：“今三世以前，至于赵之为赵，赵主之子孙侯者，其继有在者乎？”[ ] 曰：“[ ] 无有。”[ ] 曰：“微独赵，诸侯 [ ] 有在者乎？”[ ] 曰：“老妇不闻也。”（《战国策·赵策》）

例 3：夫子曰：“[ ] 何为不去也？”[ ] 曰：“[ ] 无苛政。”（《礼记·檀弓下》）

例 4：樊哙曰：“今日之事何如？”良曰：“[ ] 甚急。”（《史记·项羽本纪》）

综上所述，从以上例句中可见，主语对话省略包括对话双方均省略，省略一方以及对话内容主语省略三种情况：例 1 是省去对话一方的例子，省略的主语，均为“曹刿”，引文与行文中，是由于对话省去陈述对象的例子。例 2 是对话双方均省略的例子，其中也含有对话内容主语省略，省去的第一个主语是“太后”，引文中对话省去的主语是“赵主之子孙侯者，其继在者”。第三句省去的主语是“左师公”，引号内省去了主语中心词“子孙侯者，其继”。第四句省去主语“太后”。例 3 是对话中省去对话主语，或叙述中省去一方主语的例子。例 4 是对话内容主语省略例。

（二）第一人称省略

第一人称省略，包括书信、文告以及游记里的第一人称主语省略。例如：

例 1：[ ] 后征为都尉，迁典军校尉。（曹操《让县自明本志令》）

例 2：浔阳腊月，江风苦寒，[ ] 岁暮鲜欢，夜长无睡。[ ] 引笔纸，悄然灯前，有念则书，言无次第，勿以繁杂为倦，且以代一夕之话也。（白居易《与元九书》）

例 3：[ ] 得西山后八日，寻山口西北，道二百步，又得钴鉧潭。（柳宗元《钴鉧潭西小丘记》）

例 4：[ ] 既登峰头，一庵翼然，为文殊院，亦余昔年欲登未登者。（徐宏祖《游黄山记》）

以上诸例，例 1 为文告体；例 2 为书信体；例 3，例 4 为游记体，各句均省略第一人称主语“余”。

（三）承前省略

所谓承前省略，是指承前结构中已经出现过的成分，后句略而不录的省略。

承前省略，在对话省，书信、文告、游记省中已涉及，这里主要举非对话、书信、文告、游记等文字中的承前省略。可分为承前主语省，承前宾语省，承前定语省、宾语交互省略等。

1. 承前主语省略

例 1：秦王色挠，[ ] 长跪而谢之曰……（《战国策・魏策》）

例 2：公子从其计，[ ] 请如姬。（《史记・魏公子列传》）

例 3：赵惠文王十六年，廉颇为赵将，[ ] 伐齐，[ ] 大破之，[ ] 取晋阳，[ ] 拜为上卿，[ ] 以勇气闻于诸侯。（《史记・廉颇蔺相如列传》）

以上例 1 承前句主语“秦王”省略；例 2 承前句主语“公子”省略；例 3 五个分句均承前主语“廉颇”省略。

2. 承前宾语省略

例 1：居五日，桓侯体病，使人索扁鹊。[ ] 已逃秦矣。（《韩非子・喻老》）

例 2：魏有隐士曰侯嬴，[ ] 年七十，[ ] 家贫，[ ] 为大梁夷门监者。（《史记・魏公子列传》）

例 3：山有小口，[ ] 仿佛若有光。（陶渊明《桃花源记》）

例 4：永州之野产异蛇，[ ] 黑质而白章，[ ] 触草木，[ ] 尽死，以啮人，[ ] 无御之者。（柳宗元《捕蛇者说》）

上述例 1 分句主语承前宾语“扁鹊”省；例 2 三个分句均承前宾语“侯嬴”省；例 3 分句主语承前分句宾语“小口”省；例 4 二、三分句主语承前分句宾语省，其中“草木”又作“尽死”主语，类似兼语，第五分句主语承前宾语“人”省略。

3. 承前定语省略

例如：蹇叔之子与师，[ ] 哭而送之。（《左传・僖公三十二年》）

上述第二分句的主语是承第一分句主语“子”的定语“蹇叔”而省略。

4. 承前介词宾语省略

例 1：无忌不才，让，其可乎？请立起也！与田苏游，而 [ ] 日好仁。（《左传・襄公七年》）

例 2：吾与回言终日，[ ] 不违，如愚。（《论语 · 为政》）

上述例 1“日好仁”前的主语“田苏”是承前介词词组“与田苏”的宾语“田苏”而省略；例 2 第二分句主语“回”，承前分句状语“与回”这个介宾词组宾语“回”而省略。

5. 承前分句主语、宾语交互省略

例如：楚人为食，吴人及之，[ ] 奔，[ ] 食而从之。（《左传 · 定公四年》）

该例“奔”前省略主语“楚人”，也可以看作承前句“吴人及之”中宾语“之”（代“楚人”）省略；“食”前省略主语“吴人”，二句交叉承前主语或宾语省略。

（四）蒙后省略

蒙后省略主要包括蒙后主语与定语省略。

1. 蒙后主语省略

例 1：七月 [ ] 在野，八月 [ ] 在宇，九月 [ ] 在户，十月蟋蟀，入我床下。（《诗 · 豳风 · 七月》）

例 2：沛公谓张良曰：“[ ] 度我至军中，公乃入。”（《史记 · 项羽本纪》）

例 3：夜闻汉军四方皆楚歌，项王乃大惊。（《史记 · 项羽本纪》）

例 4：[ ] 已却秦存赵，使将军归魏，而公子独与客留赵。（《史记 · 魏公子列传》）

例 5：将军向宠，性行淑均，晓畅军事，[ ] 试用于昔日，先帝称之曰能。（《三国志 · 蜀书 · 诸葛亮传》）

上述例 1 前三个分句主语“蟋蟀”皆蒙第四分句主语而省略；例 2 宾语中第一分句主语“公”，蒙第二分句主语，省略；例 3 第一分句主语“项王”，蒙后一分句主语省略；例 4 第一分句主语“公子”，蒙第三分句主语省略；例 5 第二分句主语“先帝”蒙第三分句主语省略。

2. 蒙后定语省略

例如：其南陵，夏后皋之墓也；其北陵，文王之所避风雨也。[ ] 必死是间，余收尔骨焉。（《左传 · 僖公三十二年》）

上例第二句主语“尔”，蒙后第二分句定语“尔”省略。

二、古汉语中的谓语省略

谓语是句子的主要成分，一般情况下是不能省略的，但是，为了修辞的需要——如简洁、对举等，在一定的语言环境下，也可以省略，这种省略也分承前、蒙后以及其他条件的省略三种。

（一）承前省略

例 1：一鼓作气，再 [ ] 而衰，三 [ ] 而竭。（《左传 · 庄公十年》）

例 2：齐卜三鼓，刿曰：“可 [ ] 矣。”（《左传 · 庄公十年》）

例 3：举一隅不以三隅反，则不复 [ ] 也。（《论语 · 述而》）

例 4：非夫人之为恸而谁为 [ ]？（《论语 · 先进》）

例 5：为客治饭，而自 [ ] 藜藿。（《淮南子 · 说林》）

例 6：进言者皆曰天下已安已治矣，臣独以为未 [ ][ ] 也。（贾谊《治安策》）

例 7：蛟或没或浮，行数十里，处与之俱 [ ][ ]。（《世说新语 · 周处》）

以上例 1 第二、三分句谓语，承第一分句谓语“鼓”省略；例 2 第二分句宾语中谓语“鼓”，承第一分句谓语省；例 3 第二分句谓语“举”，承第一分句动词“举”省略；例 4 紧缩句第二分句谓语承第一分句“恸”省略；例 5 第二分句动词“治”承第一分句省略；例 6 第二分句谓语“安”“治”承第一分句宾语之谓语省略；例 7 第三分句谓语“没”“浮”承第一分句谓语省略。

（二）蒙后省略

例 1：躬自厚 [ ] 而薄责于人，则远怨矣。（《论语 · 卫灵公》）

例 2：杨子之邻人亡羊，既率其党 [ ]，又请杨子之竖追之。（《列子 · 说符》）

例 3：扜弥南与渠勒 [ ]，东北与龟兹 [ ]，西北与姑墨接。（《汉书 · 西域记》）

以上例 1 紧缩句第一分句谓语“责”，承第二分句谓语省略；例 2 第二分句谓语“追之”，承第三分句谓语省略；例 3 第一、二分句谓语“接”，蒙第三分句省略。

（三）其他条件的省略

这里主要是指根据上下文义不言自明的省略，而省略的谓语在上下文中均未出现。例如：

例 1：好言自口 [ ]，莠言自口 [ ]。（《诗·小雅·正月》）

例 2：小大之狱，虽不能察，必以情 [ ]。（《左传·庄公十年》）

例 3：万物殷富，政由一家 [ ]。（《史记·郦生陆贾列传》）

例 4：天下有变，则命一上将，将荆益之军，以向宛洛 [ ]。（《三国志·蜀书·诸葛亮传》）

例 5：童微伺其睡，以缚背刃，力上下 [ ] 得绝。（柳宗元《童区寄传》）

例 6：诸将请 [ ] 所之。（《资治通鉴·唐纪》）

以上例 1 均可补上“出”，是由于诗歌字数限制而省略；例 2 省略了动词“处之”；例 3 由于对偶而省略了动词“出”；例 4 可补上动词“进发”；例 5 可依文义补上动词“割”；例 6 依文义可补上动词“示”。

三、古汉语中的宾语省略

古代汉语中，由于宾语一般可以用代词“之”替代，因而它的省略与主语比较起来，就少得多。古代汉语的宾语省略，从与宾语的组合关系而言，可分为动词宾语省略和介词宾语省略。

（一）动词宾语的省略

动词宾语的省略又分为承前省略，蒙后省略和意念省略三种。

1. 宾语承前省略

例 1：左右以君贱之也，食 [ ] 以草具。（《战国策·齐策》）

例 2：与秦城何如？不与 [ ] 何如？（《战国策·赵策》）

例 3：既飨，楚子问于公子曰：“子若克服晋国，何以报我？”公子再拜稽首对曰：“……其波及晋国者，君之余也，又何以报 [ ]？”（《国语·晋语》）

例 4：夫慕仁义而弱乱者，三晋也；不慕 [ ] 而治强者，秦也。（《韩非子·外储说左上》）

例 5：备之，则劳中国之士；不备 [ ]，则侵盗不止。（《盐铁论·本议》）

例 6：可烧而走 [ ] 也。（《资治通鉴·汉纪》）

例 7：用胶泥刻字，薄如钱唇，每字为一印，火烧 [ ] 令 [ ] 坚。（沈括《梦溪笔谈》）

以上例 1 承前宾语省略代词宾语“之”，替代“冯谖”。例 2 承前宾语“秦城”而省略；例 3 承前主语“楚子”而省略“报”的宾语，可看作省略了表尊称的宾语“子”；例 4 承前宾语“仁义”，省略了动词“慕”的宾语“之”；例 5 承前宾语“之”而省略了动词“备”的宾语“之”；例 6 承前主语省略了动词“走”的宾语“之”；例 7 承前主语“字”，省略了动词“烧”“令”的宾语“之”。

2. 宾语蒙后省略

例 1：与 [ ] 衣裳，吏护之还乡。（柳宗元《童区寄传》）

例 2：屠惧，投 [ ] 以骨，一狼得骨止，一狼仍从。（蒲松龄《聊斋志异·狼三则》）

以上例 1 蒙后兼语“之”省略了动词“与”的间接宾语“之”，替代“区寄”；例 2 蒙后主语“狼”省略了动词“投”的宾语“之”，替代“狼”。

3. 宾语意念省略

所谓宾语意念上的省略，是指文句本身无法直接找到宾语省略的根据，只能从动宾搭配关系，或者语义关系，推衍出其所省略的宾语这种语言现象。例如：

例 1：大叔完 [ ] 聚 [ ]，缮甲兵，具卒乘，将袭郑。（《左传·隐公元年》）

例 2：夫司寇行戮，君为之不举 [ ]，而况敢乐祸乎？（《左传·庄公二十年》）

例 3：故令尹诛 [ ] 而楚奸不上闻，仲尼赏 [ ] 而鲁民易降北。（《韩非子·五蠹》）

例 4：义曰：“臣论武信君军必败，公徐行即免 [ ]，疾行则及祸。”（《史记·项羽本纪》）

以上例 1 据王力主编《古代汉语》的解析，从动宾搭配关系上，可知省了“完”的宾语“城郭”，“聚”的宾语“人力、物力”；例 2 据语义关系和动宾搭配关系，省去了动词“举”的宾语“乐”；例 3 该句中省略了两个宾语，虽然在前文中可以找到根据，但是，它们既非承前主语，也不是承前宾语省略，而是根据前文所讲述的两个故事，才可以概括出省略的宾语，况且又不易补出，或者说不易用一个词补出，倒是省略既见其文字简约，又无伤文义。例 4 据语义关系以及与“祸”对举，可知省略了动词“免”的宾语“死”。《史记·项羽本纪》作“公徐行则免死，疾行则及祸”，可资佐证。

（二）介词宾语的省略

介词“以”“与”“为”的宾语如果是代词，则常常可以省略。省略的代词多为“之”或“其”。例如：

1. 介词“以（用）”宾语省略

例 1：公曰：“衣食所安，弗敢专也，必以 [ ] 分人。”（《左传·庄公十年》）

例 2：对曰：“忠之属也，可以 [ ] 一战。”（《左传·庄公十年》）

例 3：孝公用商鞅之法，移风易俗，民以 [ ] 盛，国以 [ ] 富强。（李斯《谏逐客书》）

例 4：陈胜起山东，使者以 [ ] 闻。（《史记·刘敬叔孙通列传》）

例 5：阖庐知孙子能用兵，卒以 [ ] 为将。（《史记·孙子吴起列传》）

例 6：臣闻齐有无知之祸，而桓公以 [ ] 兴；晋有骊姬之难，而文公用 [ ] 伯。（《汉书·路温舒传》）

例 7：而智术浅短，遂用 [ ] 猖獗。（《三国志·蜀书·诸葛亮传》）

例 8：闻甲落第，笑不顾，交以 [ ] 绝。（周容《芋老人传》）

以上例 1 承前主语“衣食”，省略介词“以”的宾语“之”；例 2 承前定语“忠”，省略介词“以”的宾语“之”；例 3 承前宾语“商鞅之法”，省略后文两个介词“以”的宾语“之”；例 4 承前分句“陈胜起山东”，省略介词“以”的宾语“之”；例 5 承前兼语“孙子”，省略介词“以”的宾语“之”；例 6 承前宾语“无知之祸”“骊姬之难”，分别省略介词“以”“用”的宾语“之”；例 7 承前分句“智术浅短”，省略介词“用”的宾语“之”；例 8 承前主谓词组宾语“甲落第”，省略介词“以”的宾语“之”。

2. 介词“与”宾语省略

例 1：吴师克东阳而进，舍于五梧，明日舍于蚕室，公庚宾、公甲叔子与 [ ] 战于夷。（《左传·哀公八年》）

例 2：拘礼之人，不足与 [ ] 言事，制法之人，不足与 [ ] 论变。（《商君书·更法》）

例 3：项伯乃夜弛之沛公军，私见张良，欲呼张良与 [ ] 俱去，曰：“毋从俱死也。”（《史记·项羽本纪》）

例 4：先主曰：“君与 [ ] 俱来。”（《三国志·蜀书·诸葛亮传》）

例 5：老人略知书，与 [ ] 语久，命姬煮芋以进。（周容《芋老人传》）

以上例 1 承前主语“吴师”，省略介词“与”的宾语“其”或“之”；例 2 承前主语“拘礼之人”“制法之人”，分别省略两个介词“与”的宾语“之”或“其”；例 3 承前主语“项伯”，省略介词宾语“之”或“其”；例 4 承前省略介词“与”的宾语“之”或“其”；例 5 承前主语“老人”，省略介词“与”的宾语“之”或“其”。

3. 介词“为”宾语省略

例 1：吴广素爱人，士卒多为 [ ] 用者。（《史记·陈涉世家》）

例 2：于是秦王不怿，为 [ ] 一击缻。（《史记·廉颇蔺相如列传》）

例 3：家贫，货赂不足以自赎，交游莫救，左右亲近不为 [ ] 一言。（司马迁《报任安书》）

例 4：侯芭为 [ ] 起坟，丧之三年。（《汉书·扬雄传》）

例 5：此人一一为 [ ] 具言。（陶渊明《桃花源记》）

以上例 1 承前主语“吴广”，省略介词“为”的宾语“之”；例 2 承前句“赵王”省略介词“为”的宾语“之”；例 3 承前省略了介词“为”的宾语“之”，代司马迁；例 4 蒙后宾语“之”，省略介词“为”的宾语“之”；例 5 承前省略了介词“为”的宾语“之”。

第二节　古汉语中介词及其支配成分的语法省略

一、古汉语中介词的省略

前述省略，主要指的是句子主要成分的省略，但是，在句子成分这个平面上，各成分内部一般也应有主次之分。介宾词组中，介词和宾语均是主要成分。介词的宾语省略，前节已有论述，不赘；本节主要探讨介词的省略。古代汉语中，介词省略非常普遍，以下主要讨论介词“于”“以”“自”的省略。

（一）介词“于”的省略

例 1：沛公军 [ ] 霸上，未得与项羽相见。（《史记 · 项羽本纪》）

例 2：楚庄王围郑，郑告急 [ ] 晋。（《史记 · 鲁世家》）

例 3：兵破 [ ] 陈涉，地夺 [ ] 诸侯。（《盐铁论 · 结和》）

（《汉书 · 贾山传》）作：“然而兵破于陈涉，地夺于刘氏者，何也？”介词“于”未省略可证之。）

从上述例子中可见，古代汉语的处所补语，以用介宾词组为常例，同时，也有省略介词“于”的，这样一来，便成了处所名词（或词组）作补语了，现代汉语处所名词作补语，大概就源于这种介词的省略。介词“于”表比较时，也可以省略。例如：夫郤昭子，其富半 [ ] 公室，其家半 [ ] 三军。（《国语 · 晋语》）

（二）介词“以”省略

例 1：死马且买之 [ ] 五百金，况生马乎？（《战国策 · 燕策》）

例 2：范中行氏以众人遇臣，臣故 [ ] 众人报之；知伯以国士遇臣，臣故 [ ] 国士报之。（《战国策 · 赵策》）

例 3：故以知王天下者屏刑，[ ] 力争诸侯者退德。（《商君书 · 开塞》）

例 4：又试之 [ ] 鸡，果如成言。（蒲松龄《聊斋志异 · 促织》）

以上四例均省去表工具或方式的介词“以”。例 1、4 是省略作补语的介宾词组的介词；例 2、3 是省略作状语的介宾词组的介词。这种作工具状语或方式状语的介宾词组，如果宾语是名词，那么，省略了介词“以”以后，又可看作名词活用作状语。

（三）介词“自”的省略

例 1：卫鞅亡 [ ] 魏入秦。（《战国策·秦策》）

例 2：信亡 [ ] 楚，归汉。（《汉书·韩信传》）

例 3：两岸青山相对出，孤帆一片 [ ] 日边来。（李白《望天门山》）

例 4：辛苦遭逢起 [ ] 一经。（文天祥《过零丁洋》）

二、古汉语中介词支配成分的省略

《马氏文通》首先提出了“介字”这一概念并定义说：“凡虚字用以连实字相关之义者，曰介字。”并详细列举了“之”“于（於）”“以”“与”“为”5 个介词的用法。除了“于”“以”之外，关于其他几个的归类，后来的语法研究者看法各异，一般把“之”归为助词（结构助词），“与”和“为”有的归为介词，有的归为连词。本书讨论的古汉语介词仅限于“于”“以”“与”“为”4 个。

（一）制约介词支配成分省略的相关因素

一般认为，介词的明显特征是其后必须有被支配成分，也就是说，介词后面不容许出现支配成分空位。但是，古汉语介词除了“于”之外，“以”“与”“为”等介词后面都可以出现空位，这是古汉语介词和现代汉语介词最重要的区别之一。以往的论著大多偏重于介词支配成分省略现象的描写，却很少对此现象出现的原因做出解释。制约古汉语介词支配成分省略的因素主要表现在语法和语义两方面。

1. 语法因素

（1）介词结构在句中的位置影响介词支配成分的省略。位于动词之前的介词结构其支配成分可以省略，而位于动词之后的介词结构其支配成分不能省略。

一般认为，古汉语中介词结构在句中的位置比较灵活，既可以出现在动词前，也可以出现在动词后。事实上，可以在动词前后出现的只是由介词“以”“于”

组成的介词结构，并且有一定限制。而由介词“与”“为”组成的介词结构一般只出现于动词前。例如：

例 1：君子以文会友，以友辅仁。（《论语・颜渊》）

例 2：博我以文，约我以礼。（《论语・子罕》）

例 3：即不忍其觳觫，若无罪而就死地，故以羊易之也。（《孟子・梁惠王上》）

例 4：我非爱其财而易之以羊也。（《孟子・梁惠王上》）

例 5：尽以其宝赐左右而使行。（《左传・文公十六年》）

第 6：赠我以琼瑰。（《左传・成公十七年》）

例 7：唐、虞之际，于斯为盛。（《论语・泰伯》）

例 8：伯夷叔齐饿于首阳之下，民到于今称之。（《论语・季氏》）

例 9：太甲悔过，自怨自艾，于桐处仁迁义，三年以听伊尹之训己也，复归于亳。（《孟子・万章上》）

例 10：太甲颠覆汤之典刑，伊尹放之于桐。（《孟子・万章》）

例 11：太子惧，自投于车下。（《左传・哀公二年》）

例 12：斗廉衡陈其师于芭师之中以战。（《左传・桓公九年》）

以上是由介词“以”和“于”组成的介词结构在句中不同位置的例子。下面列表说明介词结构在《论语》《孟子》《左传》句中位置的分布情况，见表 7–1：[①]

表 7-1　介词结构在《论语》《孟子》《左传》句中位置的分布

书名	于＋宾语		以＋宾语		与＋宾语		为＋宾语	
	V 前	V 后	V 前	V 后	V 前	V 后	V 前	V 后
《论语》	26 次	182 次	31 次	26 次	+	-	+	-
《孟子》	85 次	543 次	168 次	83 次	+	-	+	-
《左传》	237 次	2976 次	649 次	221 次	+	-	+	-

① 本节表格引自：张家文．古汉语省略及相关问题研究 [M]．广州：中山大学出版社，2018.

说明：表 7-1 统计的数据主要依据郭锡良《介词“以”的起源和发展》（《古汉语研究》1998 年第 3 期）及何乐士《〈左传〉虚词研究》（商务印书馆 1989 年版）。郭先生统计，《论语》中“以 + 宾语”位于 V 之前的数据不包括“何”“是”“所”等前置宾语，如加上，则为 47 次。表中，“V”代表动词，“+”表示能出现，“—”表示不能出现。

根据表 7–1 的统计数字可以看出，介词“与”“为”组成的介词结构只出现于动词之前，介词“以”组成的介词结构大多数出现于动词之前，介词“于”组成的介词结构大多数出现于动词之后。由于介词结构在句子中位置的分布不同，所以介词“于”的支配成分很少省略，而介词“以”“与”“为”的支配成分经常省略。

（2）介词前是否出现副词、助动词或连词，也影响介词支配成分的省略。据我们考察，介词“以”前经常出现上述 3 类词，“与”“为”次之，“于”前很少出现。例如：

例 1：不知命，无以为君子也。（《论语・尧曰》）

例 2：君之惠，不以累臣衅鼓，使归就戮于秦，寡君之以为戮，死且不朽。（《左传・僖公三十三年》）

例 3：而君之仓廪实、府库充，有司莫以告，是上慢而残下也。（《孟子・梁惠王下》）

例 4：善人为邦百年，亦可以胜残去杀矣。（《论语・子路》）

例 5：于齐国之士，吾必以仲子为巨擘焉。（《孟子・滕文公下》）

例 6：衣食所安，弗敢专也，必以分人。（《左传・庄公十年》）

例 7：得百里之地而君之，皆能以朝诸侯有天下。（《孟子・公孙丑上》）

例 8：为民父母，使民盻盻然，将终岁勤动，不得以养其父母。（《孟子・滕文公上》）

例 9：恤大舍小，足以为盟主，又焉用之？（《左传・昭公元年》）

以上是介词“以”前出现副词、助动词、连词的例子。下面是介词“与”和“为”前出现副词、助动词、连词的例子：

例 10：不立于恶人之朝，不与恶人言。（《孟子・公孙丑上》）

例 11：楚人上左，君必左，无与王遇。（《左传・桓公八年》）

例 12：君以一乘入于鲁师，季孙必与君归。（《左传·昭公三十一年》）

例 13：周公将与王孙苏讼于晋，王叛王孙苏，而使尹氏与聃启讼周公于晋。（《左传·文公十四年》）

例 14：齐侯欲与卫侯乘，与之宴而驾乘广，载甲焉。（《左传·定公十三年》）

例 15：自暴者，不可与有言也；自弃者，不可与有为也。（《孟子·离娄上》）

例 16：丧事不敢不免，不为酒困。（《论语·子罕》）

例 17：无为吾望尔也乎？（《左传·成公二年》）

例 18：今有受人之牛羊而为之牧者，则必为之求牧与刍矣。（《孟子·离娄上》）

例 19：止，将为三军获。（《左传·襄公十八年》）

介词“于”前很少出现副词、助动词和连词，以下用法在先秦极为少见：

例 20：晋人御师必于崤，崤有二陵焉。（《左传·僖公三十二年》）

例 21：栾黡死，盈之善未能及人，武子所施没矣，而黡之怨实章，将于是乎在。（《左传·襄公十四年》）

例 22：人亦于女何有？（《左传·昭公六年》）

人们对《论语》《孟子》《左传》进行统计，列表说明副词、助动词及连词在介词“于”“以”“与”“为”前出现的情况，见表 7-2：

表 7-2　副词、助动词及连词在介词“于”“以”“与”“为”前出现的情况

介词	不	无	必	将	亦	可	能	得	欲	足
于	2 次	0 次	3 次	3 次	1 次	0 次	0 次	0 次	2 次	0 次
以	多次	多次	多次	多次	10 次	多次	17 次	2 次	多次	多次
与	多次	5 次	1 次	5 次	1 次	11 次	6 次	3 次	5 次	3 次
为	8 次	4 次	6 次	15 次	0 次	2 次	5 次	0 次	3 次	0 次

说明：表 7-2 中数字为《论语》《孟子》《左传》3 部书中用法的总数。“于”和“不”搭配 2 次仅见于《左传》，且引自《尚书》。表中“多次”表示使用 20 次以上。

（3）为了论述的方便，人们把介词后边的宾语看作介词的支配成分。古汉语介词后一般出现支配成分，这是和现代汉语一致的地方；同时，古汉语介词除了“于”以外，其他介词后面的支配成分容许出现空缺，这种空缺有的是因省略造成的，有的是由于移位造成的。例如：

例 1：赐也，始可与 e 言《诗》已矣！告诸往而知来者。（《论语·学而》）

例 2：自暴者，不可与 e 有言也；自弃者，不可与 e 有为也。（《孟子·离娄上》）

例 3：公孟之不善，子所知也，勿与 e 乘，吾将杀之。（《左传·昭公二十四年》）

例 4：君若以力，楚国方城以 e 为城，汉水以 e 为池，虽众，无所用之。（《左传·僖公四年》）

例 5：明日，子路行以 e 告。（《论语·微子》）

例 6：礼，为旧君有服。何如斯可为 e 服矣？（《孟子·离娄下》）

例 7：我楚国之为 e，岂为一人行也！（《左传·襄公二十八年》）

例 8：有恸乎？非夫人之为 e 恸而谁为 e!（《论语·先进》）

例 9：卫甯武子来聘，公与之宴，为 e 赋《湛露》及《彤弓》。（《左传·文公四年》）

以上例子中，例 1、例 2、例 4、例 7、例 8 为移位造成介词支配成分空缺，其他是由省略造成的介词支配成分的空缺。实际上，人们把例 1 ~ 9 中介词支配成分的空缺都看成省略。

介词支配成分的省略和支配成分的移位是互相制约、互为条件的。一般说来，一个介词的支配成分能在句子中移位（移于介词之前），则这一介词的支配成分往往也可以省略；反之，则不能省略。这就是说，移位也是省略的条件之一。如介词“以”“与”“为”的支配成分如果为疑问代词，则往往移位于介词之前，介词“于”所支配的疑问代词一般不前移。前者所支配的成分往往可以省略，而后者不能。

所谓移位，按现代语言学的意义理解，是指句子的变换方式之一，即句子内某一成分由原来的位置移到另一位置，而在原来的位置上留下空位，也称为“空语类”。在我国传统语法学中，通常以“倒装”或“倒置”概括之。而省略一般是指受语境（主要是上下文）制约的句子成分的省略，是发生于句子与句子之间的一种言语行为。鉴于省略和移位之间这种互相制约的关系，本书把它们都看作介词支配成分的省略。事实上，在人们的语感和研究中很少对它们做严格区分，原因大致有以下两点：

第一，在大多数人或语言学家的语感里，省略和移位似无区别。例如：

例 1：赐也，始可与 e 言《诗》已矣！告诸往而知来者。（《论语 · 学而》）

例 2：此邦之人，不可与 e 处。（《诗经 · 小雅 · 黄鸟》）

例 3：公孟之不善，子所知也，勿与 e 乘，吾将杀之。（《左传 · 昭公二十年》）

例 4：自此其父之死，吾蔑与 e 比而事君矣。（《国语 · 晋语八》）

以上都是一般语法书中常引的省略用例。例 1 和例 2 "与" 后的省略是由移位造成的，因为其所指对象就在句内。例 3 省略的所指对象不在句内，而是上句的主语。例 4 省略的所指对象不见于上下文，而是泛指。人们都习惯于称它们为 "省略"。

第二，在语言的发展演变过程中，省略和移位往往同时发生作用，例如 "以" 的支配成分的空位。例如：

例 1：素以为绚兮。（《论语 · 八佾》）

例 2：羔裘玄冠不以吊。（《论语 · 乡党》）

例 3：隐居以求其志，行义以达其道。（《论语 · 季氏》）

以上 3 例分别可以做两种不同形式的变换：

例 4a：素以 [之] 为绚兮。

b：以素为绚兮。

例 5a：羔裘玄冠不以 [之] 吊。

b：不以羔裘玄冠吊。

例 6a：隐居以 [之] 求其志，行义以 [之] 达其道。

b：以隐居求其志，以行义达其道。

以上 3 例中，a 句分析为省略，b 句分析为移位。

何乐士把和例 1、例 2 类似的句子如例 7 中的 "以" 分析为连词，因而句中没有发生移位或省略。

例 7：政以治民，刑以正邪。（《左传·隐公十一年》）

其理由主要是，介词“以”所指代的对象都不在本句之内而在上下文中，拿此作为标准，自然上例中的“以”就不够介词的资格了。我们认为这种看法的理由是不够充分的，因为：第一，何文中承认“是以”“何以”“所以”是移位，那么，“是”“何”“所”是不是“以”的所指对象？如果是，这些所指对象显然在本句之内；第二，用所指对象是否在本句之内来区分介词和连词，不适用于其他词；第三，不能反映介词“以”向连词“以”的演变过程。基于此，本书把例 7 之类的句子看作省略句。

（4）根据上面的论述，可以看出古汉语介词在句法功能上的差异。这些差异见表 7–3：

表 7-3　古汉语介词在句法功能上的差异

分布条件		于	以	与	为
前面出现副词、助动词、连词的情况		很少	多	较多	较多
介词结构在句中的位置	V 前	少	多	+	+
	V 后	多	少	-	-
能否省略		-	+	+	+
能否移位		少	+	+	+

说明：表中“+”表示能出现，“—”表示不能出现。

通过表 7–3，可以把“于”“以”“与”“为”分为两类：“于”为一类，在本书考察的语料里，除了少数特殊用法，绝大部分都用作介词；“以”“与”“为”为一类，它们除了用作介词，还兼有动词、连词的用法，有时 3 种用法很难区分。由“以”“与”“为”组成的介词结构往往省略或隐含动词中心语，其中有些介词可以看成动词，特别是由“与”和“为”组成的介词结构，其中心语很难根据上下文补出来。例如：

例 1：哀公问社于宰我。宰我对曰：“夏后氏以松[ ]，殷人以柏[ ]，周人以栗[

]，曰，使民战栗。”（《论语·八佾》）

例 2：桓公九合诸侯，不以兵车 [ ]，管仲之力也。（《论语·宪问》）

例 3：晋楚之富，不可及也；彼以其富 [ ]，我以吾仁 [ ]；彼以其爵 [ ]，我以吾义 [ ]，吾何慊乎哉？（《孟子·公孙丑下》）

例 4：我一人之为 [ ]，非为楚也。（《左传·襄公二十八年》）

例 5：吾为君 [ ] 也，非为身 [ ] 也。君既定矣，又何求？（《左传·定公五年》）

例 6：子行三军，则谁与 [ ]？（《论语·述而》）

例 1 和例 2 中的“以”，表示抽象意义“用”“使用”的动词；例 6 中的“与”也有人分析为动词。例 4 和例 5 中的介词结构后根本补不出动词中心语。

由“于”组成的介词结构其后也可以省略中心语，但其省略的成分一般可根据上下文补出。例如：

例 7：凡公女嫁于敌国：姊妹，则上卿送之，以礼于先君；公子，则下卿送之。[ ] 于大国，虽公子，亦上卿送之。[ ] 于天子，则诸卿皆行，公不自送。[ ] 于小国，则上大夫送之。（《左传·桓公三年》）

例 8：凡诸侯之丧，异姓临于外，同姓 [ ] 于宗庙，同宗 [ ] 于祖庙，同族 [ ] 于祢庙。（《左传·襄公十二年》）

例 7“于大国”“于天子”“于小国”都承前省略了“凡公女嫁”；例 8 后 3 个“于”前都承前省略了“临”字。

古汉语介词“于”“以”“与”“为”在句法上表现出来的差异和它们虚化的时间顺序是相对应的。汉语中的绝大多数介词都是由动词虚化演变而来的。“于”在甲骨文时代就大量用作介词，“以”的介词用法产生于金文时代，“与”“为”的介词用法产生于西周以后。

2. 语义因素

在讨论语义因素对介词支配成分省略的制约之前，有必要先搞清楚先秦介词的语义功能。

从语义上可以把介词定义为一种“格”或语义成分标记。所谓格或语义成分，是指一个动词在句法结构中，有可能与它发生语义联系的成分的语义类别的总和。格或语义成分可以是无标记的，也可以是有标记的。例如：

例 1：小王打碎了花瓶。

花瓶被小王打碎了。

例 2：《红楼梦》，我读了三遍。

我把《红楼梦》读了三遍。

例 3：台上坐着主席团。

主席团坐在台上。

以上例子中，加点部分为无标记语义成分，画线部分为有标记语义成分，“小王”是施事，“《红楼梦》”是受事，“台上”为处所。

以往的古汉语语法研究者也注重介词的语义功能，但一般是从某个介词出发，很少从全局着眼进行论述，因而要么分类过细，要么分类过粗。本书综合分析介词“于”“以”“与”“为”的语义功能，把古汉语介词的语义功能归并为 11 类，即引进施动者、引进受动者、引进受益者、引进伴随者、引进对象、引进工具、引进方式、引进时间、引进处所、引进原因、引进目的。一种语义成分可以由多个介词标记，一个介词可以引进多种语义成分。

（二）介词支配成分的省略

1. 介词“以”支配成分的省略

（1）移位型省略。

①规则移位：代词移位。所谓规则移位，是指受语法或语义规则制约的移位现象，这里主要指代词充当介词“以”的支配成分的移位。马建忠在《马氏文通》中对此做过说明：“‘以’司‘何’‘是’两代字，倒置为常，司‘之’‘此’诸字则否。”“‘以’司‘所’字，则必后焉。”“以”所支配的成分移位可以概括为 3 条。

第一，疑问代词“何”充当介词“以”的支配成分，一概移位于“以”之前。“何以”在《论语》中出现 8 次，在《孟子》中出现 25 次，在《左传》中出现 106 次。它们构成疑问句或反问句，询问动作的凭借或原因。例如：

例 1：失忠与敬，何以事君？（《左传・僖公五年》）

例 2：何以报德？以直报怨，以德报德。（《论语・宪问》）

例 3：王曰："何以利吾国？"（《孟子·梁惠王上》）

例 4：乃入见，问何以战。（《左传·庄公十年》）

例 5：居上不宽，为礼不敬，临丧不哀，吾何以观之哉？（《论语·八佾》）

例 6：吾王庶几无疾病与？何以能鼓乐也？（《孟子·梁惠王下》）

例 1 ~ 5 询问凭借，例 6 询问原因。由"何"修饰其他词组成的名词性词组充当介词"以"的支配成分，也要前移，如例 7、例 8：

例 7：若以大夫之灵，得保首领以没；先君若问与夷，其将何辞以对？（《左传·隐公三年》）

例 8：若复旧职，将承王官，何故以役诸侯？（《左传·定公元年》）

第二，代词"所"充当介词"以"的支配成分，必前移于介词"以"之前，主要表示凭借的对象，少数表示原因。《论语》用"所以"4 次，《孟子》33 次，《左传》81 次。例如：

例 9：吾党之小子狂简，斐然成章，不知所以裁之！（《论语·公冶长》）

例 10：公事毕，然后敢治私事，所以别野人也。（《孟子·滕文公上》）

例 11：存其心，养其性，所以事天也。（《孟子·尽心上》）

例 12：夫礼，所以整民也。（《左传·庄公二十三年》）

例 13：不轨不物，谓之乱政。乱政亟行，所以败也。（《左传·隐公五年》）

例 14：斯民也，三代之所以直道而行也。（《论语·卫灵公》）

例 9 ~ 12 表示凭借的对象，例 13、例 14 表示原因，引出结果分句，这是后来连词"所以"的直接来源。

第三，指示代词"是"和介词"以"结合，如果在话语中引进原因，表示因果关系，则"是"置于"以"之前。《论语》用"是以"4 次，《孟子》17 次，《左传》162 次。例如：

例 15：仲尼之徒无道桓、文之事者，是以后世无传焉，臣未之闻也。（《孟子·梁惠王上》）

例 16：自鄢以来，晋不失备，而加之以礼，重之以睦，是以楚弗能报，而求亲焉。（《左传·昭公五年》）

例 17：敏而好学，不耻下问，是以谓之文也。（《论语·公冶长》）

例 18：虽小道，必有可观者焉；致远恐泥，是以君子不为也。（《论语·子张》）

例 19：稷思天下有饥者，由己饥之也，是以如是其急也。（《孟子·离娄下》）

例 20：如告，则废人之大伦以怼父母，是以不告也。（《孟子·万章上》）

如果“是”引进的不是原因，而是所凭借的对象，则“是”置于“以”之后。“以是”在《孟子》中出现 3 次，在《左传》中出现 7 次，全部表示动作的凭借对象。例如：

例 21：庶人在官者，其禄以是为差。（《孟子·万章下》）

例 22：而后受之，以是为不恭，故弗却也。（《孟子·万章下》）

例 23：子以是为窃屦来与？（《孟子·尽心下》）

例 24：毕万之后必大。万，盈数也；魏，大名也。以是始赏，天启之矣。（《左传·闵公元年》）

例 25：余为伯儵。余，而祖也。以是为而子。（《左传·宣公三年》）

例 26：楚人以是咎子重。（《左传·襄公三年》）

例 27：以是观之，人谓子产不仁，吾不信也。（《左传·襄公三十一年》）

例 28：子貉早死无后，而天钟美于是，将必以是大有败也。（《左传·昭公二十八年》）

例 29：而先皆季氏之良也，尔以是继之。（《左传·定公八年》）

例 30：介在蛮夷，而长寇雠，以是求伯，必不行矣。（《左传·哀公元年》）

据此，可以解释同样是指示代词“此”充当“以”的支配成分，却往往位于“以”后，因为“以此”引出的都是动作所凭借的对象，“以此”只在《左传》中出现 6 次。例如：

例 31：以此赞国，择利而为之。（《左传·闵公二年》）

例 32：以此攻城，何城不克？（《左传·僖公四年》）

例 33：以此不和。（《左传·僖公十五年》）

例 34：君以此始，亦必以终。（《左传·宣公十二年》）

例 35：思则有备，有备无患。敢以此规。（《左传·襄公十一年》）

例 36：齐人欲以此逼鲁，必倍与子地。且盍多舍甲于子之门以备不虞？（《左

传·定公十年》）

由于“是以”“所以”经常用于陈述动作的原因，又常常出现于复句中表结果的分句之首，因而出现了向连词转化的趋势，但绝大多数还是应该看作代词和介词的组合。

②语用移位：名词性成分移位。名词性成分移位，《论语》中有29例，《孟子》中有8例，《左传》中有130例左右。移位的名词性成分主要有如下三种类型：

第一，表示道德、礼仪、习俗、制度等的抽象名词，主要见于《左传》。如“仁”“义”“礼”“信”“政”“德”“刑”“乐”“言”“敬”“奸”等。例如：

例1：君子义以为质，礼以行之，孙以出之，信以成之。（《论语·卫灵公》）

例2：卜以决疑。不疑，何卜？（《左传·桓公十一年》）

例3：礼以行义，信以守礼，刑以正邪。（《左传·僖公二十八年》）

例4：德以柔中国，刑以威四夷，宜吾不敢服也。（《左传·僖公二十五年》）

例5：德以施惠，刑以正邪，详以事神，义以建利，礼以顺时，信以守物。（《左传·成公十六年》）

例6：服以旌礼，礼以行事，事有其物，物有其容。（《左传·昭公九年》）

第二，表示时间的名词，如“夜”“朝”“夕”“时”“昼”“日月”等。例如：

例1：其有不合者，仰而思之，夜以继日。（《孟子·离娄下》）

例2：闰以正时，时以作事。（《左传·文公六年》）

例3：天以七纪，戊子逢公以登，星斯于是乎出，吾是以讥之。（《左传·昭公十年》）

例4：侨闻之，君子有四时：朝以听政，昼以访问，夕以修令，夜以安身。（《左传·昭公元年》）

例5：曰我先君共王引领北望，日月以冀，传序相授，于今四王矣。（《左传·昭公七年》）

例6：加我数年，五十以学《易》，可以无大过矣。（《论语·述而》）

例7：太甲悔过，自怨自艾，于桐处仁迁义，三年以听伊尹之训己也，复归

于亳。（《孟子·万章上》）

第三，数词“一”或以“一”为修饰语的名词性词组。这种类型主要见于《论语》，《孟子》和《左传》中各有1例。例如：

例1：《诗》三百，一言以蔽之，曰：“思无邪。”（《论语·为政》）

例2：参乎！吾道一以贯之。（《论语·里仁》）

例3：非也。予一以贯之。（《论语·卫灵公》）

例4：君子一言以为知，一言以为不知，言不可不慎也。（《论语·子张》）

例5：非其义也，非其道也，一介不以与人，一介不以取诸人。（《孟子·万章上》）

例6：纥也闻之：在上位者洒濯其心，一以待人。（《左传·襄公二十一年》）

第四，表事物的一般名词。例如：

例1：狐貉之厚以居。（《论语·乡党》）

例2：缪公亟见于子思，曰：“古千乘之国以友士，何如？”（《孟子·万章下》）

例3：曾子曰：“不可，江汉以濯之，秋阳以暴之，皜皜乎不可尚已。”（《孟子·滕文公上》）

例4：夫德，俭而有度，登降有数，文物以纪之，声明以发之，以临照百官。（《左传·桓公二年》）

例5：其藏之也，黑牡、秬黍以享司寒。其出之也，桃弧棘矢，以除其灾。（《左传·昭公四年》）

例6：天子省风以作乐，器以钟之，舆以行之。（《左传·昭公二十一年》）

例7：颜渊死，颜路请子之车以为之椁。（《论语·先进》）

例8：红紫不以为亵服。（《论语·乡党》）

从语义关系上看，上述各类名词性成分的移位绝大多数表示动作行为的凭借；从结构上看，名词性成分移位以后，介词“以”前很少出现副词、连词或助动词。

介词“以”后的名词性支配成分之所以可以移位，除了代词移位的影响因素外，主要是由语用因素决定的。

第一，“以”所支配的名词性成分前移，是为了对该成分的强调。下面引用其他的例子进行探讨：

例1：子荡怒，以弓梏华弱于朝。（《左传·襄公六年》）

例2：十二月，齐侯田于沛，招虞人以弓，不进。公使执之。昔我先君之田也，旃以招大夫，弓以招士，皮冠以招虞人。臣不见皮冠，故不敢进。（《左传·昭公二十年》）

例2中的“十二月，齐侯田于沛，招虞人以弓，不进。公使执之”是一般的叙述，而“旃以招大夫，弓以招士，皮冠以招虞人”是表示议论或辩解，对前移成分加以强调。“以”支配的名词性成分的前移多出现在口语化程度较高的作品中，如《论语》和《左传》中的对话部分。《孟子》里出现较少，这是因为尽管它在体裁上和《论语》相似，但脱离了《论语》简单、片段的记言形式，而成了对话式的长篇论文，语言的书面化程度有所提高。

第二，为了使句子的结构更为匀称，如果“以”所支配的成分较复杂或者较长，也往往把该成分移于“以”前。例如：

例1：和如羹焉，水、火、醯、醢、盐、梅，以烹鱼肉，焯之以薪，宰夫和之，齐之以味，济其不及，以泄其过。（《左传·昭公二十年》）

例2：声亦如味，一气，二体，三类，四物，五声，六律，七音，八风，九歌，以相成也。（《左传·昭公二十年》）

例3：清浊、小大，短长、疾徐，哀乐、刚柔，迟速、高下，出入、周疏，以相济也。（《左传·昭公二十年》）

例4：羔裘玄冠不以吊。（《论语·乡党》）

第三，最为重要的是，介词“以”支配成分的前移，是古汉语话题化的手段之一。因此，尽管前移的名词性成分在语义上是“以”所支配的对象，但在句法层面上则变成了句子的话题，而句子的主语常常可以省略。下面是典型的带话题的句子：

例1：夫颛臾，昔者先王以e为东蒙主。（《论语·季氏》）

例2：《诗》可以e兴，可以e观，可以e群，可以e怨。（《论语·阳货》）

例3：旧令尹之事，必以e告新令尹。（《论语·阳货》）

例 4：先君之敝器，请以 e 谢罪。（《左传・昭公七年》）

话题在语篇中具有衔接作用，而前移的名词性支配成分也具有同样的功能。例如：

例 5：名以出信，信以守器，器以藏礼，礼以行义，义以生利，利以平民，政之大节也。（《左传・成公二年》）

例 6：夫名以制义，义以出礼，礼以体政，政以正民，是以政成而民听。（《左传・桓公二年》）

例 7：服以旌礼，礼以行事，事有其物，物有其容。（《左传・昭公九年》）

因为“以”所支配的名词性成分前移是古汉语话题化的手段之一，所以何乐士把受“以”支配的前移名词性成分看作主语，这实际上是对汉语主语和话题关系的一种误解。

（2）语境型省略。语境型省略指受语境因素（主要是上下文）制约的介词支配成分省略的现象。它和移位型省略的区别是：移位型省略其省略的对象出现在本句内，而且一般紧靠“以”；语境型省略其省略对象不出现在本句内，而是出现在本句之外的上下文或由其他语境因素决定。语境型省略有时很难确认，它涉及以下三个方面的不同认识：

①对“以”的性质和用法的不同认识会影响对省略的认识。在上述部分已初步涉及介词“以”和连词“以”的区分问题。pron. 是代词，np 指 noun phrase，名词词组，vp 动词词组，ap，形容词词组，放在一起指一个句子由名词动词和形容词词组构成。把“以”使用的句法格式归纳如下：

（A）以 +NP+VP

（B）VP+ 以 +NP

（C）Pron+ 以 +VP

（D）NP+ 以 +NP

（E）NP+ 以 +VP

（F）VP+ 以 +VP

（G）以 +VP

格式（A）和格式（B）为典型的介词使用环境。格式（D）涉及介词“以”

和动词“以”的区分。在格式（E）中，如果NP为施事，则其中的“以”为介词。例如：

例1：彭仲爽，申俘也。文王以e为令尹。（《左传·哀公十七年》）

例2：御人以e告子元。（《左传·庄公二十八年》）

如果NP为非施事，则对“以”的词性有两种不同看法：一种认为“以”为介词，一种认为“以”为连词。格式（F）和格式（G）中“以”的性质和用法，争议较多。因为它反映了介词“以”向连词“以”过渡阶段的特点。如果把这里的“以”看作连词，则无所谓省略问题；如果认为这里的“以”为介词，才能说“以”的支配成分省略了。

②对省略成分所指对象的认识也对判断“以”后支配成分是否省略有影响。省略的对象应该具有确定性，根据上下文可以明确补出来，这是一种普遍的看法。省略仅仅是为了分析句子的便利而说的，实际上有许多地方根本不能补出这个代词宾语来。例如：

例1：子曰：“吾尝终日不食，终夜不寝，以思，无益，不如学也。”（《论语·卫灵公》）

例2：事君尽礼，人以为谄也。（《论语·八佾》）

例1“以”后省略了支配成分，但省略的内容根据上下文是无法补出来的；例2“以”后省略了支配成分，但省略成分的所指对象可有两种理解：可以指“事君以礼”这件事，也可以指“事君以礼”的施事者。

③对某些由“以”组成的固定用法的认识也影响对省略的认识。如“可以”“以为”，在上古汉语里都是两个词的结合，“以”后省略了支配成分，汉代以后，才逐渐凝聚为单词。这一看法不完全符合古汉语的事实。

以上三点都涉及对介词“以”后支配成分省略的认识问题。判断（E）、（F）、（G）3式中“以”是否为介词，也就是说，“以”后支配成分是否省略，应依据介词“以”的语法、语义和语用特点。至于省略成分的所指对象是否明确或是否可以补出，只能作为辅助标准，是省略的一种情形。在下列情况之下，“以”是介词，其后的支配成分省略了。

第一，如果“以”前出现助动词、副词或连词，则“以”为介词，因为连词前一般不出现以上词语。下面分别论述：

助动词+以。先秦汉语的助动词主要有“能”“得”“愿”“欲”“敢”“请”“足”“可”等，除“可以”“足以”有一部分凝聚为单词以外，其他助动词后的“以”概为省略了支配成分的介词，例如：

例1：子玉刚而无礼，不可以治民，过三百乘，其不能以e入矣。（《左传·僖公二十七年》）

得百里之地而君之，皆能以e朝诸侯，有天下。（《孟子·公孙丑上》）

故曰：徒善不足以为政，徒法不能以e自行。（《孟子·离娄上》）

例2：而毛得以e济侈于王都，不亡，何待？（《左传·昭公十八年》）

为民父母，使民盻盻然，将终岁勤动，不得以e养其父母。（《孟子·滕文公上》）

例3：非敢必有功也，愿以e间执谗慝之口。（《左传·僖公二十八年》）

例4：夏，齐侯、郑伯朝于纪，欲以e袭之。（《左传·桓公五年》）

夏，宋公使邾文公用鄫子于次睢之社，欲以e属东夷。（《左传·僖公十九年》）

夏，公使如楚乞师，欲以e伐齐。（《左传·宣公十八年》）

梁婴父嬖于知文子，文子欲以e为卿。（《左传·定公十三年》）

苟行王政，四海之内皆举首而望之，欲以e为君。（《孟子·滕文公下》）

例5：寡人之从君而西也，亦晋之妖梦是践，岂敢以e至？（《左传·僖公十五年》）

子无重寡人之过，敢以e为请。（《左传·襄公三年》）

叔孙氏之甲有物，吾未敢以e出。（《左传·定公十年》）

牺牲不成，粢盛不洁，衣服不备，不敢以e祭。（《孟子·滕文公下》）

牲杀器皿衣服不备，不敢以e祭，则不敢以e宴，亦不足吊乎？（《孟子·滕文公下》）

例6：小人有母，皆尝小人之食矣，未尝君之羹。请以e遗之。（《左传·隐公元年》）

仲子生牙，属诸戎子。戎子请以e为太子，许之。（《左传·襄公十九年》）

从者病矣，请以e食之。（《左传·昭公二十九年》）

以上为《左传》《孟子》中助动词修饰“以”省略的例子，《论语》中只出现两次“能以”，但“以”的支配成分均没省略。表 7–4 显示助动词修饰“以”省略支配成分和不省略支配成分在上述三部书中的分布情况：

表 7-4 助动词修饰“以”省略支配成分和不省略支配成分在《论语》《孟子》《左传》中的分布情况

单位：次

书名	能以		得以		愿以		欲以		敢以		请以		足以		可以	
	不省	省	不省	省	不省	省	不省	省	不省	省	不省	省	词组	单词	词组	单词
《论语》	2	0	0	0	0	0	0	0	0	0	0	0	4	0	16	17
《孟子》	4	2	0	1	0	0	2	1	0	4	1	0	17	17	18	60
《左传》	7	1	0	1	2	1	10	6	5	12	19	8	19	9	39	96
总计	13	3	0	2	2	1	12	7	5	16	20	8	40	26	73	173

由助动词“可”和“足”构成的固定搭配“可以”“足以”用法比较复杂。《左传》中的“可以”“足以”是用“可”“足”表示主语所代表的对象有条件或能够进行某项活动，用连词“以”把它们和动词中心语连接起来。并且把“可以”“足以”中的“以”看作连词的观点，有主要有以下三个原因：

首先，如果承认“可”“足”为助动词（或称为“能愿动词”），则“助动词 + 连词 +VP”的形式在古今汉语里都是十分罕见的，也不能解释古汉语中的“可以”“足以”同现代汉语中“可以”“足以”的联系。

其次，在《左传》里“可以”“足以”中的“以”没有一例可以带宾语，因此说“以”省略了宾语有些勉强。但《孟子》中发现了两例“可以”的“以”带宾语：

例 1：焉有君子而可以货取乎？（《孟子·公孙丑下》）

例 2：恭俭岂可以声音笑貌为哉？（《孟子·离娄上》）

可见，并不是“以”后绝对不可以带宾语，更不能说其中的“以”是连词。

最后，先秦时期，有些“可以”“足以”表示的意义和“可”“足”相当，但它们的用法是有区别的。如“可”“不可”在对话里经常可以单独回答问题，而“可以”“不可以”却不能单独回答问题。

基于上述 3 点，先秦汉语中的“可以”“足以”实际上有两种情况：一种是助动词 + 介词；另一种是“可以”“足以”融合在一起构成新词，“以”进

一步虚化成了构词语素。（具体情况见表 7-4）

如何区分上面两种情况，可以说是仁者见仁，智者见智，有的语焉不详。尽管人们不同意何乐士把上述“以”看作连词的意见，但她关于“可以”“足以”联系的一般是施事主语的看法对人们仍是有启发的。不过“可以”“足以”联系的并不都是施事主语。例如：

例 1：《诗》可以 e 兴，可以 e 观，可以 e 群，可以 e 怨。（《论语·阳货》）

例 2：片言可以 e 折狱者，其由也与！（《论语·颜渊》）

例 3：有孺子歌曰：“沧浪之水清兮，可以 e 濯我缨；沧浪之水浊兮，可以 e 濯我足。”（《孟子·离娄上》）

例 4：唯器与名，不可以 e 假人，君之所司也。（《左传·成公二年》）

例 5：是道也，何足以 e 臧？（《论语·子罕》）

例 6：是心足以 e 王矣。（《孟子·梁惠王上》）

例 7：下士与庶人在官者同禄，禄足以 e 代其耕也。（《孟子·万章下》）

例 8：凡物不足以 e 讲大事，其材不足以 e 备器用，则君不举焉。（《左传·隐公五年》）

以上例子是带“可以”或“足以”句子的主语，但都不是一般语法意义上的施事。如果硬要为它们补上施事主语，则只能理解为句子的话题，在语义上也是“以”的支配成分。下面带“可以”或“足以”的句子，其主语可以做不同的理解：

例 1：吾观晋公子之从者，皆足以 e 相国。若以相，夫子必反其国。（《左传·僖公二十三年》）

第 2：秦大而近，足以 e 为援；母义子爱，足以 e 威民。（《左传·文公六年》）

第 3：善人教民七年，亦可以 e 即戎矣。（《论语·子路》）

第 4：不得乎亲，不可以 e 为人；不顺乎亲，不可以 e 为子。（《孟子·离娄上》）

第 5：以臣召君，不可以 e 训。（《左传·僖公二十八年》）

第 6：暴骨以逞，不可以 e 争。（《左传·襄公九年》）

如例 1，若仅看前句，似乎“足以”后没有省略，联系该例的下句“若以相”，这里的“以”无疑是介词，由此可证“足以”的“以”也是介词，其支配成分省略了。例 3 后一句的主语可以理解为“善人”，也可以理解为“民”。若做前一种理解，则“以”后省略了支配成分，杨伯峻《论语译注》把该例的后半句译为“也能够叫他们作战了”。例 6 林尧叟《句解》解为“言争当以谋，不可以暴骨”，即“不可以暴骨争”。

副词或连词 + 以。先秦汉语中常见的副词和连词有“不”“莫”“必”“亦”“则”“将”“若”“而”“乃”等。“无以”的情况较为复杂，下文再单独讨论。前面有副词、连词的介词，其支配成分可以省略。例如：

例 1：寡君不以即刑，而悼弃之，以 e 为君忧。（《左传・襄公十四年》）

今也欲无敌于天下，而不以仁，是犹执热而不以 e 濯也。（《孟子・离娄上》）

例 2：而君之仓廪实、府库充，有司莫以 e 告，是上慢而残下也。（《孟子・梁惠王下》）

例 3：旧令尹之政，必以 e 告新令尹。（《论语・公冶长》）

衣食所安，弗敢专也，必以 e 分人。（《左传・庄公十年》）

夫以强取，不义而克，必以 e 为道。（《左传・昭公元年》）

例 4：抑心所谓危，亦以 e 告也。（《左传・襄公三十一年》）

子力行之，亦以 e 新子之国。（《孟子・滕文公上》）

舜亦以 e 命禹。（《论语・尧曰》）

例 5：无死！南孺子之子，男也，则以 e 告而立之；女也，则肥也可。（《左传・哀公三年》）

夫子有遗言，命其圉臣曰：“南氏生男，则以 e 告于君与大夫而立之。”（《左传・哀公三年》）

君子信而后劳其民，未信则以 e 为厉己也。（《论语・子张》）

例 6：羽父请杀桓公，将以 e 求大宰。（《左传・隐公十一年》）

公子荆之母嬖，将以 e 为夫人，使宗人衅夏献其礼。（《左传・哀公二十四年》）

古之为关也，将以 e 御暴；今之为关也，将以 e 为暴。（《孟子・尽心下》）

例 7：若以 e 假人，与人政也。（《左传・成公二年》）

若以 e 与我，皆丧宝也，不若人有其宝。（《左传·襄公十五年》）

例 8：己弗能有，而以 e 与人，人之不至，不亦宜乎？（《左传·隐公十一年》）

羁也不佞，不能与二三子同心，而以 e 为皆有罪。（《左传·昭公二十五年》）

人见其禽兽也，而以 e 为未尝有才焉者，是岂人之情也哉？（《孟子·告子上》）

介词“以”前出现副词或连词，在《左传》中为 175 次，其中省略介词支配成分 55 次；在《孟子》中为 60 次，其中介词支配成分省略 19 次；在《论语》中为 21 次，省略介词支配成分 7 次。从以上 3 部书“以”前出现副词、连词看，其中介词支配成分省略各占三分之一左右。

“无以”的用法和“以”前出现其他副词的用法有所不同，它涉及对“无”的词性认识问题。《马氏文通》把“无”和“有”归为一类，称为同动字，并说：“‘有’‘无’两字后习用‘以’字介词以系动字于后，而止词则隐而不书。”（按：“止词”指“有”“无”的宾语）“无”在先秦除了动词用法以外，还可以做副词，表示否定。例如：

例 1：其竭力致死，无有二心。（《左传·成公三年》）

例 2：君子食无求饱，无丕求安。（《论语·学而》）

“无以”中的“无”既不同于一般的动词用法，也不同于一般的副词用法，而是同时兼有动词和副词的某些特征，可以称之为“否定性动词”。其中的“以”也体现了介词向连词过渡阶段的特点。正因为如此，所以大多数“无以”可以做两种分析：可以认为是“无”后省略了宾语，也可以认为是“以”后省略了支配成分。

要判断（F）和（G）两种格式中“以”是否省略支配成分的介词，还要看“以”后动词的语法和语义特点。下列 3 类动词前的“以”一般是省略了支配成分的介词。

第一，祈使动词，即表示告知、命名等行为的动词，如“命”“令”“劝”“教”“告”“语”“名”等。这类动词的最大特点是可以带双宾语，但在下列句子中只出现一个宾语：

例 1：舜亦以 e 命禹。（《论语·尧曰》）

例 2：及生，有文在其手曰“友”，遂以 e 命之。（《左传·闵公二年》）

例 3：及生，如卜人之言，有文在其手曰“友”，遂以名之。（《左传·昭

公三十二年》）

例 4：五月甲辰，会于邢丘，以 e 命朝聘之数，使诸侯之大夫听命。（《左传·襄公八年》）

例 5：司马请瑞焉，以 e 命其徒攻桓氏。（《左传·哀公十四年》）

例 6：以地叛，虽贱，必书地，以 e 名其人，终为不义，弗可灭已。（左传·昭公三十一年》）

例 7：是岁也，狄伐鲁，叔孙庄叔于是乎败狄于咸，获长狄侨如及虺也、豹也，而皆以 e 名其子。（左传·襄公三十年》）

例 8：其父死于路，已为虿尾，以 e 令于国，国将若之何？（《左传·昭公四年》）

例 9：子若免之，以 e 劝左右，可也。（《左传·昭公元年》）

例 10：人不难以死免其君，我戮之，不祥，赦之，以 e 劝事君者。（左传·成公二年》）

例 11：子木归以 e 语王。（《左传·襄公二十七年》）

例 12：子服景伯以 e 告子贡。（《论语·子张》）

例 13：涛涂以 e 告齐侯，许之。（《左传·僖公四年》）

例 14：徐子以 e 告夷子。（《孟子·滕文公上》）

第二，赐予动词，如“赐”“与”“授”“赏”“予”“分”“遗”“畀”“献”“嫁”“取”“妻”等。赐予动词一般带对象宾语和受事宾语，但在下列句子中只出现对象宾语：

例 1：其翦以 e 赐诸侯，使臣妾之，亦唯命。（《左传·宣公十二年》）

例 2：竖牛取东鄙三十邑，以 e 与南遗。（《左传·昭公五年》）

例 3：既成，以 e 授子木，礼也。（《左传·襄公二十五年》）

例 4：衣食所安，弗敢专也，必以 e 分人。（《左传·庄公十年》）

例 5：毋！以 e 与尔邻里乡党乎！（《论语·雍也》）

例 6：徒取诸彼以 e 与此，然且仁者不为，况于杀人以求之乎？（《孟子·告子下》）

例 7：小人有母，皆尝小人之食矣，未尝君之羹。请以 e 遗之。（《左传·隐

公元年》）

例8：公说，执曹伯，分曹、卫之田以e畀宋人。（《左传·僖公二十八年》）

例9：印堇父与皇颉戍城麇，楚人囚之，以e献于秦。（《左传·襄公二十六年》）

例10：初，辕颇为司徒，赋封田以e嫁公女；有余，以为己大器。国人逐之，故出。（《左传·哀公十一年》）

例11：季公若之姊为小邾夫人，生宋元夫人，生子，以e妻季平子。（《左传·昭公二十五年》）

例12：若以e假人，与人政也。（《左传·成公二年》）

以上两类动词有一个共同特点，就是都可以带双宾语，其中，受事宾语可以受介词“以”支配，置于动词之前。

第三，“以”和动词“为”经常联合在一起使用。对“以为”的性质和用法，历来有不同的看法。王力认为，上古汉语“以为”都是两个词的结合，“以”是介词，其后省略了宾语。《马氏文通》认为，“以为”有两种用法：一做谓辞者，则“以为”二字必连用；一做以此为彼者，则“以为”二字可拆用。马氏所谓的“谓辞”是指有“认为”意义的动词。《马氏文通》对“以为”的分析大体上是准确的，下文以此为线索，做更细致的分析。

2. 介词“与”支配成分的省略

（1）移位型省略。和介词“以”支配成分的移位省略一样，介词“与”也可以分为规则移位和语用移位两种。

①规则移位。规则移位主要指代词充当“与”的支配成分的移位。以下分别论述。

第一，“谁与”。“谁”加介词“与”在《论语》中出现2次，在《孟子》中出现4次，在《左传》出现7次。带“谁与”的句子可以分为3种句型。

谁+与。（4次）

例1：鸟兽不可与同群，吾非斯人之徒与，而谁与？（《论语·微子》）

例2：子行三军，则谁与？（《论语·述而》）

例3：无众而后伐之，欲御我，谁与？（《左传·庄公二十七年》）

例4：三家未睦，可尽克也。克之，君将谁与？（《左传·定公十三年》）

以上例子中的“与”，一般认为是动词，但也可以分析为介词。例 1 中的“与”为介词比较明显，“谁与”后承前省略了“同群”。例 2 中的“与”，杨伯峻《论语译注》注：“动词，偕同的意思。”把“谁与”译为“找谁共事”，这是意译。若把“与”解为动词，这里很难直译；例 3 中“谁与”后省略了动词“御”；例 4“谁与”后据上文可以补上“伐”字。

谁 + 与 +VP。（7 次）

例 5：王谁与为不善？（《孟子・滕文公下》）

例 6：王谁与为善？（《孟子・滕文公下》）

例 7：如汲去，君谁与守？（《孟子・离娄下》）

例 8：若适淫虐，楚将弃之，吾又谁与争？（《左传・昭公四年》）

例 9：是我迂吾兄也。吾以国人出，君谁与处？（《左传・定公十年》）

例 10：民将叛之，谁与居邑？（《左传・昭公十三年》）

例 11：无与同好，谁与同恶？（《左传・昭公十三年》）

例 5 ~ 9 中“谁”都是介词“与”的支配成分，移位于介词之前；例 10 和例 11 可以做两种理解；例 10 可以理解为：

例 12a：民将叛之，谁与 [南氏] 居邑？

b：民将叛之，[南氏] 谁与居邑？

若按例 12a 句理解，则“与”后的支配成分为语境省；若按例 12b 句理解，则“谁”是移位于“与”之前的支配成分。按例 12b 句理解较为合理。

谁 + 与 +NP + VP。（2 次）

例 13：彼陷溺其民，王往而征之，夫谁与王敌？（《孟子・梁惠王上》）

例 14：失鲁而以千社为臣，谁与之立？（《左传・昭公二十五年》）

例 13、例 14 中的“谁”为主语。《马氏文通》说：“‘与’司‘谁’‘何’两代字，后所司者常也。”马氏对“谁与”的观察是正确的。“何与”的“与”做介词的用法在《论语》《孟子》和《左传》中未见。

第二，“所与”。“所与”在《论语》中出现 1 次，在《孟子》中出现 1 次。

例 15：揖所与 e 立，左右手。衣前后，襜如也。（《论语・乡党》）

例 16：其妻问其所与 e 饮食者，则尽富贵也。（《孟子・离娄下》）

例15之“揖所与立”就是向和他站在一起的人作揖，“所”的作用是使后面的介词结构名词化，有时介词结构后还可以加“者”，如例16，正因为“所”是名词化的标记，如果介词结构后加了“者”，则“所”字可以不用。例如：

例17：良人出，则必餍酒肉而后反，问其与e饮食者，尽富贵也。（《孟子·离娄下》）

第三，“孰与”。“孰与”仅在《论语》中出现2次。

例18：百姓足，君孰与不足？百姓不足，君孰与足？（《论语·颜渊》）

对例18的解释，有三种不同的说法：一是王引之《经传释词》：“又书传中言‘孰与’者，皆谓何如也。《广雅》曰：‘与，如也。’”这是把“孰与”解作一个词。如杨伯峻《论语译注》把前句译为：“如果百姓的用度够，您怎会不够？”二是《马氏文通》在解释这句话时说：“‘孰’字，‘与’之司词而先焉，犹云‘君将与何人足用哉’。”把“孰”看成是“与”前移的支配成分。三是王克仲把“君孰与不足”分析为：

例19：君孰与不足→君与[百姓]孰不足

王克仲分析的思路是可取的，但结果不完全正确。把“君孰与不足”分析为：

例20：君孰与不足→君孰与[百姓]不足

例20和例19比起来，尽管只是介词结构的位置不同，但它能够更充分地解释“君孰与不足”这类句子的来源。表示比较的句式，先秦普遍用到的是：

例21：A与B孰C，如“吾与徐公孰美？”（《战国策·齐策》）

也可以用：

例22：A孰与BC，如“吾孰与城北徐公美？”（《战国策·齐策》）

而例22来源于例21，只是省略了例20中的B，变成了例23：

例23：A孰与[e]C

例23来源于例22，例22来源于例21。

②语用移位。语用移位是指“与”支配的NP，由原来的位置通过话题化移位于句首，充当句子的话题。

（2）语境型省略。语境型省略和移位型省略的区分是，前者省略的成分出现在上下句或由语境确定，而后者省略成分就出现在被省略句子本身。例如：

例 1：堂堂乎张也，难与 e 并为仁矣。（《论语・子张》）

例 2：臧文仲其窃位者与？知柳下惠之贤而不与 e 立也。（《论语・卫灵公》）

例 3：晋之伯也，迩于诸夏；而楚辟陋，故弗能与 e 争。（《左传・昭公十九年》）

有时“与”后省略的支配成分或支配成分的所指对象并不见于上下文，例如：

例 4：可与 e 共学，未可与 e 适道；可与 e 适道，未可与 e 立；可与 e 立，未可 e 与权。（《论语・子罕》）

例 5：问其与 e 饮食者，尽富贵也，而未尝有显者来。（《孟子・离娄下》）

例 6：可与 e 言，而不与之言，失人；不可与 e 言，而与之言，失言。（《论语・卫灵公》）

例 4 和例 5“与”的支配成分不见于上下文。一般以为例 6“与”的支配成分蒙后“之”字省，但其具体的所指对象是谁，并不明确。

从收集到的所有“与”支配成分省略的例证来看，它们有一个显著的特点，就是所在句子的谓语动词大多数是复指动词。复指动词的特点是，它所表示的动作行为要求与两个和两个以上的参与者或相关者发生关系，如“言（谈论）”“议”“谋”“处（相处）”“邻（相邻）”“争”“战”“盟”等。其次是一些表示运动的动词，如“立”“往”“入”“乘”等。

3. 介词“为”支配成分的省略

（1）移位型省略。

①介词“为”支配的成分若为疑问代词“何”“奚”或反身代词“己”，则“何”“奚”“己”均移位于介词“为”之前。

第一，何为。“何为”在《左传》中出现 33 次，在《孟子》中出现 16 次，在《论语》中出现 6 次。据何乐士研究，《左传》中“何为”的“为”全部用作动词，其基本含义为“干什么”，大多数表示反问。“何为”在用法上有两个特点：一是不直接联系谓语；二是大多位于句末。《孟子》中“何为”的用法不同于《左传》，其中的“为”均为介词，因为从“何为”在句中的分布看，它们多用于主语和谓语之间，紧挨谓语。

第二，奚为。“奚为”和“何为”表示的意义大致相当，表示“为什么”的意义。在《左传》中未见，在《孟子》中出现 6 次，其中“为”均为介词。

②有时，为了强调介词“为”所支配的名词性成分，可以把该名词性成分移位于介词之前，移位的名词性成分和介词之间用“之”“是”连接。在《论语》中出现2次，在《左传》中出现4次。

（2）语境型省略。介词“为”所支配成分因语境因素而省略的频率大大低于介词“以”“与”支配成分的省略。在《论语》中出现2次，在《孟子》中出现2次，在《左传》中出现29次。以《论语》和《孟子》为例：

例1：是亦为政，奚其为e为政？（《论语·为政》）

例2：不患莫己知，求为e可知也。（《论语·里仁》）

例3：且一人之身，而百工之所为e备。（《孟子·滕文公上》）

例4：礼，为旧君有服。何如斯可为e服矣？（《孟子·离娄下》）

例1前一个“为”为介词，后一个“为”为动词，介词“为”后省略了“当官”，杨伯峻译为“为什么定要做官才算参与政治”；例2“为”表示被动，其后省略泛指对象“别人”；例3后面承前省略了“一人”；例4“为”后省略了“君”。

《左传》省略29次，从意义上看，省略的对象可以分为两类：一类是省略施事，有15例；另一类是省略与事，有17例。例如：

例5：得臣将死，二臣止之曰：“君其将以为e戮。”（《左传·僖公二十八年》）

例6：失礼违命，宜其为e禽也。（《左传·宣公二年》）

例7：城小而固，胜之不武，弗胜为e笑。（《左传·襄公十年》）

例8：叔孙与庆封食，不敬。为e赋《相鼠》，亦不知也。（《左传·襄公二十七年》）

例9：郑人取货于印氏以请之，子大叔为令正，以为e请。（《左传·襄公二十六年》）

例10：越围吴，嗣子不废旧业而敌之，非晋之所能及也，吾是以为e降。（《左传·哀公二十年》）

例11：卫献公使子鲜为e复，辞。敬姒强命之。（《左传·襄公二十六年》）

例5～7“为”后省略了施事者，例8～11省略了与事者。

第三节　古汉语中对话结构的语法省略

所谓对话结构，是指由各种要素构成的一个完整对话。一个对话结构包括对话参与者、对话标记及至少一个话对。对话参与者（简称“参与者”）指参与对话的人，一个对话至少要求两个或两个以上的参与者。《论语》和《孟子》中的对话参与者多为两个，而《左传》中的对话参与者有相当部分为两个以上。对话标记指“曰”“问”“谓”“言”“语”“告”“对曰”“辞”等表示言说的动词。其中，“曰”最常见且运用最广，既可以用于问句，也可以用于答句，其他对话标记有的专用于问，有的专用于答。①

古汉语中的对话从结构上而言，其复杂性主要表现在4个方面：第一，一个对话的话对里面问句和答句并不总是连在一起，有时候可以被其他成分隔开；第二，有些对话里的话对不是直接的，而是间接的；第三，从对话标记而言，好像是不同参与者参与的对话，其实是一个参与者的独白，人们把这样的话对称为“假话对”；第四，作为对话结构的参与者和对话标记经常可以省略。

一、对话参与者的省略

对话参与者指参加对话的人，例如，《论语》和《孟子》中对话的参与者多为两人，《左传》如果从完整的篇章角度看，其对话参与者多为两人以上。如果有两个以上的参与者，则话对多为间隔话对。对话参与者的省略和下列因素有关。

（一）对话中话对的多少

如果一个对话只由一个话对组成，则参与者很少省略，如果省略，也只能省略回答者，且受表示问方对话标记的制约；若表示问方的对话标记中已包含了回答者，如“问于……曰”“告于……曰”等，则可以省略回答者。若一个

① 张家文．古汉语省略及相关问题研究 [M]. 广州：中山大学出版社，2018.

对话由多个话对构成，除第一个话对以外，其余话对的参与者倾向于省略。

（二）话对的连续与间隔

对话中连续话对与间隔话对相比，连续话对的参与者倾向于省略。在间隔话对中，由于问和答之间被其他成分隔开，如果省略参与者，有时会损害对话的连贯性，影响对参与者的准确判断。例如：

例 1：墨者夷之因徐辟而求见孟子。孟子曰："吾固愿见，今吾尚病，病愈，我且往见。"夷子不来。他日，又求见孟子。孟子曰：……徐子以告夷子。夷子曰：徐子以告孟子。孟子曰：……徐子以告夷子。夷子怃然为间曰：……（《孟子·滕文公上》）

例 2：蘧伯玉使人于孔子。孔子与之坐而问焉。曰："夫子何为？"对曰："夫子欲寡其过而未能也。"使者出。子曰："使乎！使乎！"（《论语·宪问》）

例 1 尽管由多个话对组成，但都是间隔话对，故其对话参与者都没有省略。例 2 既有连续话对又有间隔话对，连续话对的参与者均省略，而间隔话对的参与者保留。试想，如果把例 2 最后一句中"子曰"的"子"省掉，显然人们就会认为后面的话为使者所说。

（三）对话参与者的多少

对话参与者的省略还和参与者的多少有关。一般两人参与的对话，其参与者倾向于省略，若参与者超过两人，则参与者不能省略。《孟子》和《论语》中的对话多在两人之间进行，若有两个以上的参与者，多表现为间隔话对，因而受上述第二条原则的限制。即使为连续话对，参与者也往往保留。例如：子路问："闻斯行诸？"子曰："有父兄在，如之何其闻斯行之？"冉有问："闻斯行诸？"子曰："闻斯行之！"公西华曰："由也问：'闻斯行诸？'子曰：'有父兄在。'求也问：'闻斯行诸？'子曰：'闻斯行之！'赤也惑，敢问。"子曰："求也退，故进之；由也兼人，故退之。"（《论语·先进》）

（四）对话参与者的交错省略

一个对话中的参与者，要么省略"问"的一方，要么省略"答"的一方，形成交错省略的格局。这一方面与作者对"问"和"答"的强调态度有关，另一方面与对话参与者的身份和地位有关。另外，这种交错省略使问、答一目了然，衔接紧密，行文简洁。例如：

例 1：齐宣王问卿。

孟子曰："王何卿之问也？"

王曰："卿不同乎？"

[ ] 曰："不同，有贵戚之卿，有异姓之卿。"

王曰："请问贵戚之卿。"

[ ] 曰："君有大过则谏，反覆之而不听，则易位。"

王勃然变乎色。

[ ] 曰："王勿异也。王问臣，臣不敢不以正对。"

王色定，然后请问异姓之卿。

[ ] 曰："君有过则谏，反覆之而不听，则去。"（《孟子·万章下》）

例 2：孟武伯问："子路仁乎？"

子曰："不知也。"

又问。

子曰："由也，千乘之国，可使治其赋也。不知其仁也。"

[ ]"求也何如？"

子曰："求也，千室之邑，百乘之家，可使为之宰也。不知其仁也。"

[ ]"赤也何如？"

子曰："赤也，束带立于朝，可使与宾客言也。不知其仁也。"（《论语·公冶长》）

例 3：后子见赵孟。

赵孟曰："吾子其曷归？"

对曰："鍼惧选于寡君，是以在此，将待嗣君。"

赵孟曰："秦君何如？"

对曰："无道。"

赵孟曰："亡乎？"

对曰："何为？一世无道，国未艾也。国于天地，有与立焉。不数世淫，弗能毙也。”

赵孟曰：“天乎？”

对曰：“有焉。”

赵孟曰：“其几何？”

对曰：“鍼闻之，国无道而年谷和熟，天赞之也。鲜不五稔。”（《左传·昭公元年》）

例 1 和例 2 是问句参与者的省略，例 3 是答句参与者的省略。据我们观察，像这种交叉省略对话参与者的方式，一般以省略答者为主，尤其是当对话标记为“对曰”的时候。据统计，《论语》用“对曰”36 次，省参与者 13 次；《孟子》用“对曰”30 次，省参与者 10 次；《左传》用“对曰”345 次，省参与者 291 次。

二、对话标记的省略

对话标记的省略是在对话参与者省略的基础上，进一步省略“曰”“对曰”等表示言说的动词。《论语》和《孟子》中，《论语》对话标记省略 13 条，《孟子》省略 43 条，共计 56 条。相较于对话参与者的省略，其数量是相当少的。对话参与者的省略具有相当的任意性，因为它毕竟有上下文语境可供参照，在阅读过程中，对话标记如果任意省略，就会对文意的理解造成障碍，所以历来研究者对此现象都很重视。因此，对话标记省略除了受上述对话参与者省略的条件限制以外，还更多地受对话的语言特点和对话内容两方面的制约。

（一）对话标记省略的形式

在先秦汉语中，对话标记的省略绝大多数以简短的问句的形式出现。同时，对话标记的省略在对话里一般是交叉出现或偶尔出现，不像对话参与者的省略，经常在一个对话里连续出现。

（二）对话标记省略的制约因素

1. 话对中对话标记的省略不是任意的，它受对话里话对和话对结构对称性的制约。所谓结构对称性是指对话里相邻话对的问句和答句在语言结构上大致相似，而且互相对应。

2. 对话标记的省略不仅受话对结构对称性的制约，而且还要求对话里相邻话对的衔接具有连贯性。这种衔接的连贯性可以从以下两方面着手：

第一，在对话中，一个人的谈话内容本来在语义上比较连贯，但中途被另外一人的答话或问话所打断，当前者再继续说下去时，则可以省略对话标记。例如：

例 1：宰我问："三年之丧，期已久矣。君子三年不为礼，礼必坏；三年不为乐，乐必崩。旧谷既没，新谷既升，钻燧改火，期可已矣。"

子曰："食夫稻，衣夫锦，于女安乎？"

[宰我] 曰："安。"

[ ][ ]"女安则为之！夫君子之居丧，食旨不甘，闻乐不乐，居处不安，故不为也。今女安，则为之！"（《论语 · 阳货》）

例 2：[孟子] 曰："有复于王者曰：'吾力足以举百钧'，而不足以举一羽；'明足以察秋毫之末'，而不见舆薪。则王许之乎？"

[梁惠王] 曰："否。"

[ ][ ]"今恩足以及禽兽，而功不至于百姓者，独何与？然则一羽之不举，为不用力焉；舆薪之不见，为不用明焉；百姓之不见保，为不用恩焉。故王之不王，不为也，非不能也。"（《孟子 · 梁惠王上》）

例 1 中孔子的问话"于女安乎"和例 2 中孟子的问话"则王许之乎"似都用的是反诘语气，反诘语气不要求回答，因而"宰我"和"梁惠王"的回答在语义上是可有可无的。如果把它们删掉，则孔子和孟子的话在语义上仍然是连贯的。在这种情况下，可以省略对话标记。可以仿照俞樾归纳的"一人之辞加'曰'字例"，把这里所说的省略称为"一人之辞省'曰'字例"，前者是为了表示说话人话题的转移，后者表示说话人对同一话题的继续。

第二，在对话中，如果一个对话者就另外一个对话者所说的内容提出疑问，并且双方谈话的内容表现出极强的衔接性，则提问者的问话可以省略对话标记。例如：

例 1：万章曰："尧以天下与舜，有诸？"

例 2：孟子曰："否，天子不能以天下与人。"

例 3：“然则舜有天下也，孰与之？”

例 4：曰：“天与之

例 5：“天与之者，谆谆然命之乎？”

例 6：曰：“否，天不言，以行与事示之而已矣。”

例 7：曰：“以行与事示之者，如之何？”（《孟子·万章上》）

例 3 句中的“然则”是“如此、那么”的意思，具有承上的作用。例 5 句的句首部分和例 4 句相同，问和答之间具有极强的衔接性。这类衔接性的问话除了“然则”句外，经常用的还有“敢问”句、“何谓”句等。下面是《论语》和《孟子》对话中省略对话标记的“然则”句、“敢问”句、“何谓”句，例如：

然则管仲知礼乎？（《论语·八佾》）

然则舜不禁与？（《孟子·尽心上》）

然则舜如之何？（《孟子·尽心上》）

然则奚为喜而不寐。（《孟子·告子下》）

然则舜有天下也，孰与之？（《孟子·万章上》）

然则圣人且有过与？（《孟子·公孙丑下》）

然则有同与？（《孟子·公孙丑上》）

敢问夫子恶乎长？（《孟子·公孙丑上》）

敢问何谓浩然之气？（《孟子·公孙丑上》）

敢问何如斯可谓狂矣？（《孟子·尽心下》）

敢问“或曰放”者何谓也？（《孟子·万章上》）

何以谓之狂也？（《孟子·尽心下》）

何谓善？何谓信？（《孟子·尽心下》）

何谓知言？（《孟子·公孙丑上》）

其中，“敢问”“何谓”后面的内容都直接和上句发生关系，也就是说，都是紧接上句内容的提问，所以作为对话中的提问出现，可以省略对话标记。《左传》与《论语》《孟子》比较而言，很少用“然则”句、“敢问”句、“何谓”句，这显示了它们在文体和语言方面的不同特点。

三、话对中答句成分的省略

对话的典型格式是交际双方以问答方式轮流展开，问答一个回合为一个话对。由于对话一般是面对面进行的，因而话对中表示“你”“我”的人称代词一般省略。这种受对话现场语境制约的省略现象本书不予讨论。这里只讨论受问句支配的答句成分的省略，因为与问句相比，答句除了具备对话的基本语境外，还多了问句所提供的言语环境，因此，它的省略比问句中出现得更频繁。根据问句的特点，可以把答句中成分省略分为以下三种情形：

（一）间接话对中答句成分的省略

古汉语中间接话对一般以“问……”的形式出现，带“问”字的间接话对（见第五章第一节第二部分）主要见于《论语》，《孟子》和《左传》只是偶尔出现。其格式有两种。

1. $NP_{人}$ + 问 +$NP_{事}$。例如：

孟懿子问孝。（《论语・为政》）

子贡问君子。（《论语・为政》）

颜渊问为邦。（《论语・卫灵公》）

子张问善人之道。（《论语・先进》）

仲弓问子桑伯子。（《论语・雍也》）

滕文公问为国。（《孟子・滕文公上》）

齐宣王问卿。（《孟子・万章下》）

2. $NP_{人}$ + 问 +$NP_{事}$ + 于 +$NP_{人}$。例如：

子张问仁于孔子。（《论语・阳货》）

哀公问社于宰我。（《论语・八佾》）

子夏之门人问交于子张。（《论语・子张》）

上述例句中，“问”后的 NP 表示询问的内容，并不表示询问的对象。先秦表示询问对象的“问”字句一般要在“问”后加上介词“于”如 1 例子中的“仲弓问子桑伯子”，并不表示仲弓向子桑伯子询问什么事，而是说仲弓询问子桑伯子这个人怎么样。《孟子》和《左传》中有少数 1 式“问”后的人名表示询问的对象。1式在《论语》中有37例，在《孟子》中有4例，在《左传》中约有15例。2式在《论语》中有8例，在《左传》中约有14例，在《孟子》中没有。

（二）询问句答句成分的省略

1. 何如

“何如”问句大多在对话里表示询问，其基本意义是“怎么样”。一般用作谓语或单独作为一个分句或句子。带“何如”的句子可以询问状态、情况、方法、原因、程度以及对方的意见等。“何如”在《论语》中共计21例，在《孟子》中有16例，在《左传》中有24例。其中，询问状态或情况的问句，其答句往往是蒙后省略主语。

2. 何谓

带“何谓”的问句在先秦有两种用法：一是“何谓也”，用于句末或单独成句，询问上句所说的话或事是什么意思；二是“何谓 ×”，用于句首，询问什么是或什么叫“×”。

3. 何以（为）

“何以（为）”可以表示询问，也可以表示反问。表示询问的问句其答句有时可以省略，这种省略主要见于《孟子》。例如：

例1：万章问曰：“舜往于田，号泣于旻天。何为其号泣也？”孟子曰：“怨慕也。”（《孟子·万章上》）

例2：孟子曰：“何以言之？”（公孙丑）曰：“怨。”（《孟子·告子下》）

例3：曰：“敢问招虞人何以？”曰：“以皮冠。”（《孟子·万章下》）

例4：高子曰：“禹之声，尚文王之声。”孟子曰：“何以言之？”曰：“以追蠡。”（《孟子·尽心下》）

例1、例2问句询问的是原因，答句分别该为“为怨慕其号泣也”“以怨言之”。例3、例4询问方法、方式，答句分别为介词结构，省略了谓语，本该为“以皮冠招虞人”“以追蠡言之”。

（三）是非问句答句成分的省略

所谓是非问句，是指要求对方用“是的”“不是”或“有”“没有”作答的疑问句。古汉语是非问句一般在句末加“乎”或“与”等。根据动词的特点，是非问句可以分为三类：①由能愿动词“可”“能”“敢”等构成的是非问句，②由动词“有”构成的是非问句，③由一般动词构成的是非问句。下面从肯定和否定回答两方面来看它们答句的省略。

1. 由能愿动词构成的是非问句答句成分的省略。由能愿动词构成的是非问句，其答句如果是肯定性的，则只需照抄问句中的能愿动词。若问句为否定形式，答句也要求用否定形式，其他成分均可以省略。

2. 由“有”构成的是非问句答句成分的省略。由“有”构成的是非问句，对其做肯定回答，直接用“有”；对其做否定回答，可以用“无”“未”等，其他成分可以省略。

3. 由一般动词构成的是非问句答句成分的省略。由一般动词构成的是非问句，如果答句是肯定性的，一般只需重复问句中的动词，其他成分可以省略。

参考文献

[1] 汪维辉 . 古汉语辞书采用古注的几个问题 [J]. 辞书研究，2019，（6）：1–10.
[2] 裘锡圭 . 谈谈编纂古汉语大型辞书时如何对待不同于传统说法的新说 [J]. 辞书研究，2019，（3）：1–10.
[3] 林胜强，付豪 . 古汉语使动双宾语语句的逻辑语义分析 [J]. 四川师范大学学报（社会科学版），2018，45（3）：84–87.
[4] 梁银峰 . 重论古汉语语气词“已”的语法意义和形成途径 [J]. 汉字汉语研究，2018，（3）：22–30.
[5] 徐刚 . 古汉语口语中的易位句及古书相关疑义例释 [J]. 语文研究，2018，（1）：18–22.
[6] 宋曦 . 古汉语“所”字结构的类型学考察 [J]. 学术交流，2016，（12）：166–170.
[7] 徐丹 . 古汉语里的纵向时间表达 [J]. 语言科学，2016，15（1）：1–10.
[8] 何静，宋天宝，彭炜明，等 . 基于“词—词性”匹配模式获取的古汉语树库快速构建方法 [J]. 中文信息学报，2017，31（4）：114–121.
[9] 袁本良 . 古汉语语义结构类型分析 [J]. 语言科学，2010，09（5）：509–520.
[10] 郑振峰，李冬鸽 . 书写载体与古汉语复音词 [J]. 语文研究，2010，（4）：54–58.
[11] 孙明 . 古汉语省略的分类 [J]. 东岳论丛，2007，28（6）：69–71.
[12] 蒋绍愚 . 古汉语辞书的编纂和资料的运用 [J]. 辞书研究，2019，（01）：1–19+119.
[13] 鲁六 . 谈古汉语复音词的判断标准 [J]. 中州学刊，2006，（5）：294–296.
[14] 李成蹊 . 从古籍之名注与其原句对比来看古汉语里的省略句 [J]. 徐州师范大

学学报（哲学社会科学版），2007，33（1）：51–55.
[15] 武振玉 . 古代汉语中双音程度副词的产生与发展 [J]. 新疆师范大学学报（哲学社会科学版），2005，26（2）：218–221.
[16] 邓盾 . 从语法化看上古汉语名词化标记“所”的句法位置与句法功能特异性 [J]. 清华大学学报（哲学社会科学版），2019，34（6）：140–158.
[17] 陈志明 . 代词“之”“其”的共性与差异 [J]. 山西师大学报（社会科学版），2004，31（2）：123–126.
[18] 张萍 . 试论古汉语中的单纯连接词“是以”——兼与结果连词“是以”比较 [J]. 语言科学，2010，9（1）：73–79.
[19] 蒋绍愚，李新建 . 古汉语入门 [M]. 北京：当代中国出版社，2018.
[20] 白玉林，迟铎 . 古汉语语法 [M]. 北京：中国社会科学出版社，2008.
[21] 张新凤 . 古汉语语法中的兼代现象 [J]. 咸宁学院学报，2012，32（07）：73–74.
[22] 宋亚云 . 语用推理语义化与古汉语中一类形容词的产生 [J]. 湖北大学学报（哲学社会科学版），2019，46（6）：118–126.
[23] 刘昱彤，吴斌，谢韬，等 . 基于古汉语语料的新词发现方法 [J]. 中文信息学报，2019，33（1）：46–55.
[24] 倪博洋 . 从语气词、叹词看上古汉语声调构拟 [J]. 语言科学，2019，18（2）：201–211.
[25] 杨俭 . 古汉语假设连词辨析 [J]. 飞天，2011，（22）：118–119.
[26] 许仰民 . 古汉语语法新编 [M]. 开封：河南大学出版社，2001.
[27] 张家文 . 古汉语省略及相关问题研究 [M]. 广州：中山大学出版社，2018.
[28] 朱德熙 . 现代汉语语法研究 [M]. 北京：商务印书馆，1980.
[29] 朱德熙 . 语法讲义 [M]. 北京：商务印书馆，1982.
[30] 朱德熙 . 语法答问 [M]. 北京：商务印书馆，1985.
[31] 宗廷虎 . 袁晖 . 汉语修辞学史 [M]. 合肥：安徽教育出版社，1990.
[32] 郑远汉 . 现代汉语修辞知识 [M]. 武汉：湖北人民出版社，1979.
[33] 郑远汉 . 言语风格学：修订本 [M]. 武汉：湖北教育出版社，1998.

[34]《古汉语》编委会 . 古汉语 [M]. 北京：文化艺术出版社，2003.
[35] 陈焕良 . 训诂学与古汉语论集 [M]. 广州：中山大学出版社，2018.
[36] 易滢 . 古汉语与文学基础 上册 [M]. 镇江：江苏大学出版社，2018.
[37] 何九盈 . 古汉语丛稿 [M]. 北京：商务印书馆，2016.
[38] 洪成玉 . 古汉语常用同义词疏证 [M]. 北京：商务印书馆，2018.
[39] 许威汉 . 古汉语概述 [M]. 北京：商务印书馆，2012.
[40] 林春香 . 古汉语虚词叠加形式历时演变研究 [M]. 广州：广东人民出版社，2015.